愛上女老闆

薇拉 著

這是趟發現愛的旅程

人生就像經營一間屬於自己的公司
如何經營愛，活出精彩？請先愛上女老闆！

LOVE
YOURSELF

博客思出版社

推薦序

總有一個答案，讓你認出愛

身心靈輔導工作者

王慶玲

當你此刻剛好正在閱讀這本書，剛好正在閱讀了此篇推薦序，我相信這剛好是一種巧合，如同愛因斯坦曾說：「巧合是上帝保持匿名的方式。」實是我們都被上蒼恩典牽引著彼此生命。

有幸能最早閱讀薇拉這本《愛上女老闆》，也很榮幸參與了薇拉成長蛻變的旅程，仍然記得二〇一四年第一次見到薇拉的那個夜晚，她準時的來參與我的見面會，當時長髮纖細又有著大眼睛的她坐在第一排，讓我印象深刻之外，安靜的她經由靈魂之窗透露著她的無言之語，活動完她來找我合照，我在她耳邊第一次復誦了她無言之說所傳遞給我的訊息給她，當下她經驗了感動之淚，奇妙的是那個訊息，也成為薇拉接下來療癒蛻變旅程的開始。

若你對當天薇拉的生命訊息好奇與關注，這也許會是你在這本書中與自己相遇最好的開始，薇拉已經將滿滿的祝福，透過四年全心投入的書寫，全然灌注於這本書的每個故事篇章中，你會跟著開啟了內在一場和過去的自己對話與思辨，和未來的自己許諾與承載，最重要的是薇拉將深奧的生命教導，轉譯為真實細膩和最容易閱讀的筆觸，讓讀者們彷彿也在同一個能量場中提升與轉化。

尋找愛與光的人，必先經過無數個黑暗與質疑的過往；認出愛與光的人，必先擁抱無數個黑暗與質疑的自己。這也是薇拉回頭望向那些曾經無助的時刻，那些不想要再提起的不堪與挫敗，美妙的是在她勇敢的療癒書寫中，竟一幕幕的看見過往從不曾理解的深刻之愛。我也在薇拉這本書裡重新梳理了自己，也同時敬佩薇拉的勇敢與真實。

總有一首歌，會讓你學會一個樂器。

總有一個人，會讓你學會一個道理。

總有一個答案，讓你認出愛。

這本書，你會找到答案。

推薦序

每個人心裡，都有無法接受的自己！

文／孤帆

從破碎到完整，需要多少的時間和勇氣去面對，才能真正體會，原來這一切經歷都是為了找回自己。

看著薇拉的書，彷彿回到了七年前的時光……。

七年前的我，正經歷著崩壞的人生，透過慶玲老師的形塑課程，我看到了美麗大方的妳，內心沉寂許久的情感，在那一刻悄悄地在心裡起了漣漪。

我鼓起勇氣，把握機會向妳告白。對我來說，這是在過往的歲月裡不曾有過的，畢竟當時的我，除了一無所有，更覺得自己是一無是處的。

所謂學到的就要活出來，記得在慶玲老師的課程裡，老師多次提到，「你不需要擁有了什麼，才能獲得什麼。」很多事物是不需要有條件的，比如患難與共的友情、相互扶持的愛情、無條件付出的親情。這些都不需要你成為了誰，或你擁有了多少的名利才能獲得。

這些話語，一而再、再而三的在我心裡盤旋，也打破了我舊有的僵固模式。那一刻，我才決定面對自己的渴望，勇敢的追求薇拉。

但得到的回應卻是：「我和你不可能啦！」雖然沮喪，但至少沒有遺憾。

隨著課程結束，彼此成為了臉書好友，除了文章的按讚之外，其實也沒什麼交流，畢竟死纏爛打並不屬於我的風格。

二個月後在農曆過年前，收到了薇拉的訊息，心情難過傷心的她，訴說著她那天的不順利。我除了傾聽，也很直接的說，「我上來台北找妳，我們見個面吃個飯、聊聊天吧！但是，我目前身上僅剩35元，如果有順利借到錢，我就上來台北。」

妳婉轉地說：不用麻煩了，也不用擔心，妳很快就沒事了。

如同這些年所認識的妳一樣，總是不想造成別人的困擾。妳把自己不如意的事藏的很深，對旁人的付出總是竭盡所能，這點讓我又愛又心疼，愛的是你那良善的本質，心疼的是你總把自己放在最後面。

我終於如願借到錢來到了台北，我把最不堪僅剩35元的自己真實呈現在妳面前，其實當下並沒有多餘的思考，也沒有任何目的，只是單純的想完成這件事。

過了一個月後，妳接受了我。

妳說：就先給彼此三個月的時間，我們試著交往吧！

雖然當下非常開心，但我好奇的問妳，什麼原因會讓你改變初衷？畢竟一開始妳是拒絕我的。妳說：那時候我不了解你。但經過這件事，你讓我看到就算你一無所有，但如果有一天我發生危險，你是會為我擋在前面的那個人。

這些話讓我瞬間眼眶泛紅，以前總覺得好像沒有人懂我，但薇拉卻彷彿看穿了我的心，就像一束光照亮了我的黑暗。

愛上了女老闆，地位的懸殊、日常的習慣、個性的差異，並不會因為有了愛情而一帆風順。自己的自卑和罪惡感，常常侵襲著我，但妳總是耐心的陪伴著、鼓勵著我，更重要的也允許我花很長的一段時間修護自己，如果沒有妳無條件的支持，我想我還在迷茫中渡過歲月。

透過這本書，我才更了解妳。

原來當時的妳，對我也有著很強烈的不安全感，這是我意想不到的。我以為這是在我身上才會出現的，因為外在物質的條件下，我羨慕著妳，有事業、有目標，有家人、有好友。而當時的我，對自己有著瞧不起自己的心魔。

原來每個人心裡，都有自己當下所無法接受的自己。

這些年，我們從伴侶關係發展成事業夥伴，這兩種關係有著不同的相處模式。經過許多的衝突和磨合，彼此才漸漸融合在一起，著實不容易。某些時候，因為想法的不同，彼此快要走不下去了，你總會給彼此一點空間思考，也會即時的擁抱著我，給予我溫暖和愛。

謝謝妳透過許多的方式陪伴我。

這是一本值得你我，細細品味的一本好書。從每個章節中，你會發現自己曾有過、或目前正在經歷的自己。除了得到許多的啟發之外，更重要的是會有一種陪伴的力量，在支持著你和我。

真心推薦！

最後，祝福妳，新書大賣，恩典充滿。

孤帆序於天使與狼塔羅心靈空間

孤帆：天使與狼塔羅心靈空間共同創辦人、塔羅占卜聊癒師、療癒心塔羅學習課程教師。

推薦序

一年很短 一天很長

發酵迷創辦人 黃靖雅

很榮幸地，受邀於薇拉，我寫下這篇短文和大家分享。

與薇拉相識，起源十多年前的一封為部落孩子募早餐的勸募信件。

我是信件發起者，薇拉意外收到這封信，成為長期資助孩子的天使之一。

冥冥之中之中的緣份，只有神才能安排得出的美妙發生。

看著薇拉這幾年的歷事練心，過往雲煙，像是閱讀一本精采的小說。

一年很短；

一天很長！

每個人都有銘記在心的某一天，它像坎入靈魂裡的絲線，綿延劃不開，無邊無際……，那天好長！

寫過的信、耽誤過的美、迷過的路、唱過的頌、望過的天空，微風的下午、讀過的書、錯過的人……。

我們這些年，各自豐富著！

願人人歲月靜好、天地共好、愛淡淡就好。

推薦序

每個人的生命都是一本書

光的課程帶領者

蔣豐雯

四年前，在席地一圈的《星光女神卡》新書分享會上，對面有雙汪汪大眼睛望著我，語帶雀躍著：「原來是觀音媽媽帶我來到這裡……」

那天順著直覺，我將家裡的水晶觀音帶到現場，安放在聖壇主位。隔著地板中央佈滿鮮花水晶、燭光燦爛的聖壇，她接著說：「我感覺好像到了該開始分享擴大療癒法的時候了。」於是，某些尚待履行的承諾再一次被喚醒。

幾個月後，薇拉加入我帶領的光課新班，此後至今，除了出國，即便工作繁重也鮮少缺席，一路來到天使級次。

隨著課程推進，深埋心底的往事與導致痛苦的執著一一浮現，現在進行的，過去遺留的，苦惱的，憤怒的，心碎的……所有窒礙難行的牢籠，都必須以無比的信心耐心努力突破，而這些課堂無法細說的事，大部分都寫在書裡了。

今年三月，隨著療癒書寫即將完成，薇拉邀我為文作序。面對寫作的最後一哩路，身為公司經營者，成天得應付內內外外大大小小的挑戰，每週一次的光課，以固定的節奏陪伴著。

終於，在十月下旬，她與出版社確認好出版時間，一步步築夢踏實，滿全這個階段的自我期許。

那麼，在靈性進展的逗點中，是什麼動力促使她堅持下來，完成此書呢？

「我想要完成這本書的初心是：

我自認自己是個平凡、普通的人，

我從生命混沌不清時有機會學習認識自己、進而療癒自己，

讓生命能從谷底慢慢走向光明。

我很想透過這本書讓此時此刻生命處在困頓時的人知道，

你也能走出你的困頓，擁有一個美好的生命。」

因為無法久盯螢幕，我將文稿列印出來閱讀，書裡反覆提到引領她靈性成長的關鍵人物慶玲老師，以及習修擴療帶來的影響。

薇拉因為《相信愛情相信自己》而結識的生命貴人慶玲老師，當年正是由我邀稿並經營的出版社簽約出版。透過此書的連結，開啟薇拉與慶玲老師及幾位夥伴深刻的友誼；至於多年前舉辦的那場《星光女神卡》新書分享會，則是透過慶玲老師將訊息傳遞給當時「純粹心靈空間」的乃文與愛咪，後來也在純粹展開夏季光課新班。

而當年陪伴薇拉一起出席分享會，坐在身旁福福壯壯的同學，成為她第一屆的擴療學生，在圓滿此生承諾與因緣後，此刻已回歸天家。

一段奇遇、一個法門，所有的啟發與療癒都來自個體的意願與前世種下的善因。說完了這段故事，那些冥冥中千絲萬縷的錯綜，其實是一幅通經斷緯、秀麗壯闊的緙絲畫，尚身此山，焉得全貌？

每個人的生命都是一本書，成長的軌跡是行文的視角。光陰流逝了，書頁是更厚，還是更薄？那些將說未說的故事，為了誰寫？又為誰說？

當面對他人的生命之書時，我們只能謙卑。千歲憂的重量，沒人擔得起，然而，經由深刻而覺知的行腳，卻可能成為別人痛苦與絕望中的千斤頂，在某個時刻，播下種子，長出滿滿的愛、智慧與力量，結出善果。

蔣豐雯：星光女神卡圖文創作者、光的課程帶領教師。

作者序

《愛上女老闆》——

生命中的發生，都是指引自己朝渴望的方向前進！

完成這本書的此刻，薇拉的心中滿是感謝。是怎麼樣的一個機緣與恩典，把薇拉的生命帶到此時此刻。

人生一路走來，不斷的在尋找著愛，渴望著被愛。

薇拉從小沒有立志做偉人的人生目標，也沒有什麼遠大的規劃。在傳統家庭父母的教導下，對幸福美滿的認知就是有一份穩定收入的工作，同時可以把家庭跟小孩照顧好，擁有一間屬於自己的房子，最好還能每年能出國玩幾趟，安安穩穩的過這一生。

就在一切進展到周遭的人都認為薇拉是人生勝利組的時候，薇拉的生命卻是處在最低谷、最渾沌之際。在歷經了身體與精神上紛紛出狀況之後，生命意外地朝一條她從沒有想過的路徑前進著。

這條由恩典指路的小徑，讓薇拉走離了原來所想的幸福美滿版型，走下了所謂的人生勝利組聖壇，開始思索著下一步的人生。

薇拉常常這樣思考著，若時光倒流從頭來過，是不是仍有勇氣再走這一遭？能不能來得及對曾在身邊的人更好一點，表達對他們的感謝多一些？

生命中有許多的發生，都是為了指引著自己朝渴望的方向前進，但事件發生的當下，大多數的人都不明白為什麼這樣的事會發生在自己身上，只會覺得命運造弄人。當時的薇拉也是一樣，痛苦不堪的時候，腦袋裡只想著如何把痛苦抹滅、最好可以把自己的人生換掉。

在朋友的引薦之下開始嘗試婚姻諮詢，參與公益課程、禪修課程、靈性法門，以及大量閱讀身心靈書籍。意外地在一次與一本書名為《相信愛情相信自己》的作者見面會中，見到了作者王慶玲老師本人，正式展開了有次第的身心靈探索學習。

在每一次的課程學習當中，薇拉彷彿是在五里迷霧中尋找另一個自己。明明人就在此，卻又覺得這個人非常的陌生，才發現原來自己從來沒有向內探索過，所知道的自己都來自於最外層的情緒。原來這個薇拉還有許多的面向是她從來沒有看過、瞭解過、深入過的。

這幾十年來都不停地在外面找愛，還有討愛。完全不知道原來每個人都是可以經由愛上真實的自己，就能得到真正的滿足。

原本以為，自己會一輩子都從事著同一種類型的工作直到退休為止。從學校畢業之後一直都在同一種類型的工作領域裡轉換跑道，從來沒有試過其他性質的工作。在一次王慶玲老師名為「天賦實現」的課程中，在老師的引導下，她彷彿被按下了一個按鈕，啟動了她去嘗試不同性質的各種全新體驗，一個背包就出發的橫跨印度東西岸的背包客壯遊、體驗開班授課、各種不同團體的演講、廣播節目帶狀節目固定常態受訪、從事完全沒有接觸過的跨國大健康平台事業，並與伴侶孤帆共同創辦一個身心靈空間服務需要心靈撫慰的人們。

在修補自己的同時，她也積極與父母重拾關係，與母親成為無所不說的朋友，與父親能像孩提時代一般的撒嬌。在身心靈成長的課程中遇見了現在生命裡的伴侶，在這段關係之中，她重新面對在關係裡最害怕的衝突，經驗了真正的愛是在爭吵完仍能將心放在一起，朝同一個目標前進，而不是在心裡一次又一次的把對方扣分扣到無法忍受就分手。也學習著把最心底的話如實地表達出來讓伴侶知道，不害怕說出真實感受會被對方討厭。

這是一本薇拉從生命中學得的智慧與在許多課程中的體悟，還有在進行許多一對一療癒個案之後，同時療癒了自己後的看見。讓薇拉深深了解，每個人都是自己人生道路上的老闆，每個人都該好好的經營自己人生的公司，尤其身為女人，往往是自己和伴侶生活公司的女老闆，你的人生公司，你作主，如何經營好自己人生的公司？是每個人，尤其是女人該學會的事，希望能藉由這本書讓每一個目前在生命中感到困頓的人知道，即便此時感受不到愛，也仍有機會透過這本書，和她一樣重新認識愛，體驗愛。因為愛一直都在，從未離開，人生須要經營，為美好明天，從現在開始愛上女老闆。

感謝引領薇拉進入身心靈殿堂的Magen，借她哭濕肩膀無數次的Maggie，所有曾帶領過薇拉的導師們——公益課程帶領人洪歆賀老師、擴大療癒法帶領人許黎慧老師、師訓課程帶領人Nancy老師、給予薇拉無數次開示與啟發的禪師釋善山師父，光的課程帶領人蔣豐雯老師，以及這六年來一直提攜與拓展著薇拉生命的王慶玲老師。沒有慶玲老師，就沒有這本療癒書寫的創作誕生，也不會有今天能寫完這本書的薇拉。

感謝所有的恩師們。

同時也感謝支持薇拉完成此書的生命伴侶——孤帆、感謝我的父母，從不責怪我的人生偏離他們當初所設想的軌道、感謝我有一個很貼心懂事的兒子、兩隻陪我寫作的貓、感恩生命中發生的一切人事物、感恩造物主的恩典、感謝我的觀音媽媽，我感恩所有。

很多很多的愛，Namaste。

薇拉

作者序

目錄

壹、經營愛——我是女老闆

她，是你也是我。

她，從沒有想過有朝一日會成為一個女老闆。

身為一個女老闆，大家對她的觀點大多是獨立、自主、有能力、勇於追求自己想要的、堅強、努力不懈的，但她也會有脆弱、孤獨、不知所措、悲傷、感覺被遺棄的時候。

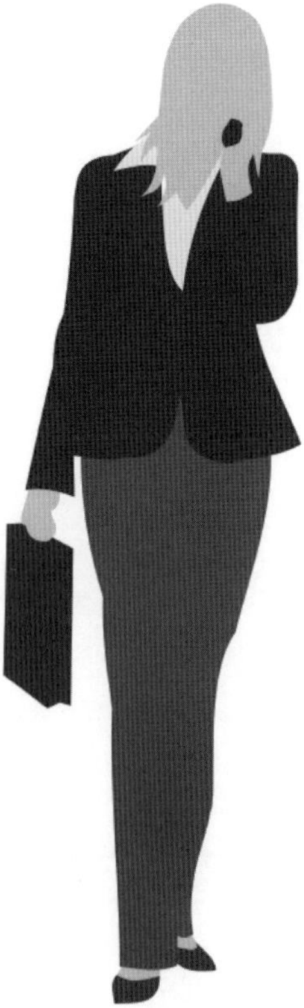

她也從來沒有想到過，這個她日復一日生活著的、習以為常的一切，在這一年，全世界正在經驗著前所未有的發生與改變。

對某些人來說，生活彷彿被按下慢動作鍵，對她來說，暫時停止鍵可能更為貼切。

這個不知道何時才會解除的暫時停止鍵，讓原本每年都會在世界各地飛來飛去的她，在這一年只能守在公司裡，哪裡都去不了。眼前這一片的膠著不明朗，讓她的心裡充滿了焦慮與不安，坐在辦公室裡，想著如果國外的訂單來了，但長期配合的工廠因為缺料、停工無法製造生產，也不知道何時能夠恢復產能與供貨。

她不想要坐以待斃，如果這個世界的狀態是一時片刻無法有所改變，那麼此時此刻的她還能為自己做些什麼呢？

在思索的過程中，她想起曾經上過一個名師的課程，課程內容中提到每個人的人生其實都是一間公司，這一生該如何好好經營這間公司，課程讓當時的她極為震撼。

她，正巧經營著一間國際貿易公司，她到處上課求知想要讓公司更上一層樓，但從沒有認真想過她自己的生命公司是如何經營著的。

在現實生活中並不一定每個人都能有經營公司的經驗與機會，但每一個人的生命確實都如同是一間公司在運營著。一間公司能運作的順暢與發達，絕對不僅僅是老闆一個人的功勞，這間公司會在各種關係裡得到協助與滋養，進而完成公司的目標。

人的一生也是如此吧！

在這有限的、珍貴的一生中，每一個人也許都有機會經歷與伴侶的關係、與子女的關係、父母的關係、手足的關係，甚至與毛小孩的關係，從小到大也可能經歷與同學的關係、同事的關係、與長官的關係，或者是創業夥伴的關係。

人的這一生，在這些關係中能感受到愛與滿足，也可能與此同時感受到受傷與孤獨。

她想要趁這一年，好好的梳理她的這間生命公司究竟是如何從誕生走到現在的樣貌。

她的親密關係，從年少的懵懂、渴望，到中年的破碎、幻滅，再從破碎幻滅中認出愛，進而決定放手勇敢去愛。

她的親子關係，從以為自己能跳離原來父母愛她的模式中，看見自己對孩子的愛仍然藏匿著控制，進而願意放手讓孩子成為真正獨立的個體。

她與母親之間的關係，從過往彼此無法溝通的疏離，透過一次又一次與母親交流後發現真相，回頭擁抱母親對她的愛，與母親誕生友誼般的親情。

她曾經歷了身體的難關，透由這場難關才發現原來與身體的關係如此陌生，透過重新把注意力回到自己的身體上，重新培養與身體的關係，重拾健康。

她從小一直覺得自己不夠好，這深植的信念究竟從何而來？她決定勇敢地回頭去探索，才明白這感受並非真實，她決定有意識地脫離為此受苦。

她從困頓中開始渴望轉變生命的方向，她勇於尋求協助與積極的上課，想要從這些途徑上找到蛻變自己的可能性。

她從不知如何與伴侶相處所衍生出來一連串的災難，到透由不斷的身心靈學習與自我的探索，才發現原來愛一直都在，只是展現的方式讓她無法接受。

她因為只有一個孩子，認定自己不會讓孩子感受到偏心的問題，卻因為認養兩隻毛小孩，才發現原來自己只是沒機會體驗養兩個孩子的過程，而不是像自己所認為的如果有兩個孩子她絕對不會偏心。也透由與兩隻個性迥異的毛小孩相處，讓她明白了父母只是用不同的方式愛孩子，他們其實並不偏心。

她以為會從事她最熟悉的工作直到退休，卻在一堂名為「天賦的課程」後讓她從此展開了一連串從沒有想過的人生體驗，發現原來生命可以多采多姿、無限拓展到自己從沒想過的方向。

經由長期的探索、學習與開展自己的可能性，她終於能面對與迎回那個真正的自己，她真正成為自己生命公司的領導人，並真切地愛上經營這間自己生活公司的女老闆。

貳、認識愛——在不快樂的關係中

1. 偽裝與陌路

她是一間中小企業的負責人。

她選擇離家不遠的商業大樓設置辦公室，就近照顧她還在讀小學的孩子。每天下班，她都是漫步回家當作放鬆的儀式。她習慣在加班後沿著一條豪宅林立的

大馬路走回去，當她每次經過這些豪宅時，常會想著如果有一天能在這邊置產跟家人同住，應該就是她人生的最高峰，她這一生最大的成就。

每天，她會在經過自家社區大門口時跟管理員點頭示意，穿過社區公共空間按了電梯上樓鍵之後，掏出鑰匙開門回家。這例行公事般的行為，讓她這麼多年來都是在無意識的狀態下進行著每一個動作。

這幾年因為金融風暴，公司的營運其實很艱困，除了訂單不容易接之外，還要到處尋求資金來支付薪水。這一天，她在公司接了一張讓她很開心的訂單，這張訂單對她目前的處境來說，是一份很大的鼓舞，她在公司與同事們慶祝後帶著愉快輕鬆的心情回家。

今晚，跟過去的每一天下班狀況一樣，當她按下電梯樓層準備打開皮包要拿出鑰匙的這一刻，她卻突然意識到了自己正在收起愉快的心情還有洋溢於外表的笑容，準備要用另一張臉去面對在家裡的家人——她的先生。

她與先生的相識於畢業後的第一份工作，他們在同一間公司不同部門服務，當年她一從學校畢業就進入這間近五百個人的公司工作，對於公司內部的運作非常不適應；而他已經在這間公司的另一個部門工作了一段時間，對於公司內部上上下下各個部門之間的溝通非常得心應手，是個能言善道的人。她的工作與他的部門也有直接的往來，他私下也給了她在工作上許多的協助與照應，對當時的她而言幫助很多。她很一直很羨慕有哥哥的人，對她而言，他就是個非常照顧她的大哥。在一次公司跨部門的旅遊活動，他們同時報名了同一個活動，剛好搭乘同一台車，才真正有機會近距離認識這位大哥，慢慢地熟稔了對方，進而交往。

從交往到結婚生孩子後的這幾年，她換了幾份工作，從事業務工作的她，薪水加上獎金，讓她的收入越來越高，很快的就超越先生的收入；而她的先生就在這間企業裡面繼續工作了二十年，擁有一份穩定的收入和正常上下班。

在她忙著加班與飛來飛去出差洽公時，他會陪伴孩子與分擔家務，支持著她在外面東奔西跑。後來，她有了一個機會自己出來創業，創業的初期，先生是支持她的，但後來因為看事情的角度不同，很難再得到他的共鳴。

尤其是兩個人吵架時，先生最後總會搬出「妳比較會賺錢，所以妳比較厲害」，這句話深深的刺傷了她的心。她不明白，我們都是一家人，家裡有一個人賺得多是一件好事啊，能讓家人過上有品質的生活。每當吵架到最後冒出這句話的時候，她的心裡都會有一個聲音，「我這麼拼命到底為了誰？她好疑惑也好心痛……」

先生的原生家庭曾經經營一間非常賺錢的工廠，他說小時候家裡的工人都會叫他「少爺」，工廠後來因為出了狀況後家裡的經濟就一直都不是很穩定，他也半工半讀把學業完成。他婚前雖然不用拿錢回家，但工作幾年下來也沒有什麼存款。

兩個人對家裡的財務狀態其實是不透明的，家裡的主要開銷是她在支付，但她從不知道先生的收入除了必要的開銷之外究竟花到了哪裡，只知道先生喜歡投資股票，是賺錢還是虧錢，始終都沒有跟她說清楚過。

他們從來沒有坐下來為如何理財這件事好好溝通過，許多的疑惑與對彼此的不滿，兩個人都是習慣性往心裡藏，再用一些不痛不癢的事蓋過去，以為這樣就沒事了，哪一對夫妻不是這樣過日子呢？父母不也是這樣吵著、鬧著、冷戰著就過了一輩子？她也不以為意。

但今晚，她意識到自己會不自覺地換一個心情跟換一張臉上的表情才回家，她再也無法回到過往裝作毫不在意的狀態了。

她想起年輕時的自己是很單純的，對於愛情與家庭的樣貌，就是找到一個愛她的男人，然後跟這個男人一起努力奮鬥，共組一個家庭與創造未來。她沒有野心想要創業，也沒想過有一天自己竟然會成為一間公司的負責人，更沒想過要一肩扛起一個家的經濟，在最後快要失去了這個家。

思維已南轅北轍的兩個人早就放棄了溝通，讓她想起了身邊所有創業的女人們，最後都失去了另一半，成為一個孤獨的奮鬥者，不管是在婚姻裡形同陌路、還是離婚收場，莫非她也難逃這樣的魔咒嗎？

2. 失衡的關係

這段感情，不知道從什麼時候開始，悄悄得演變成了一場失衡的關係。也許在兩人一開始發展感情的時候就已經存在。

學校的教科書裡並沒有教過她兩性該怎麼相處，測驗卷裡也從沒有任何一個題目是問兩個人相處的方式，怎麼樣才能維持良好關係。父母也從來沒有告訴過她，如何去愛才能讓關係可以長久。她對愛的認知只能從家庭的樣貌得知，從電視裡誇張的表達方式模仿，從言情小說裡去揣摩。

她所懂得的感情邏輯裡，第一項是「有最後決定權的人就是關係裡的權力中心。」

她的原生家庭裡，爸爸是尊重媽媽的意見居多。

記得小時候學校舉辦校外教學，她總是很興奮的衝回家跟媽媽說，聯絡簿上要請家長簽同意跟繳費。媽媽會跟她說：「等爸爸回來問爸爸，如果爸爸說能去妳就可以去。」她從天亮等到天黑，爸爸終於下班回家了，爸爸才在門口脫鞋，她就馬上問爸爸，我可不可以去校外教學？爸爸竟然回答她說，媽媽說能去妳就能去……

課本上說爸爸是家裡的一家之主，在她幼小的頭腦裡所能理解到的，卻是媽媽才是家裡的一家之主，她是權力中心，她主導著這個家所有的大小事務，爸爸是不做主的。她不喜歡這樣問來問去沒有結果的感覺，默默的下了決定，她長大要也要做家中擁有最後決定權的人。

她所懂得的感情邏輯中，第二項是「女人在婚姻裡一定要有收入。」

她的媽媽因為某些家庭因素選擇當家庭主婦，這意味著媽媽是沒有工作收入的，家裡主要的收入來源來自爸爸。她的爸爸認真的工作著然後把每個月的薪水袋原封不動的整包交給媽媽打理家裡的所有開銷。在她的記憶中，媽媽總是說爸爸賺的錢不夠開銷，說家裡只能吃當令的水果，吃不起進口的。也常常叮嚀她說：「妳長大結婚後一定要工作，自己要有收入。」媽媽還對著她說，有收入的女人結婚後，才有能力拿錢回娘家，沒收入的女人，想拿錢回家得從買菜錢裡面攢。於是她被潛移默化的下了一個指令，她要努力賺錢，在婚姻裡不能當伸手牌，而且要賺很多錢。

在她所懂得的感情邏輯裡，第三項是「付出得多代表愛得多。」她觀察到的是，媽媽對於家中大小事都是不斷的付出，把最好的食物都給孩子，她知道那是母親表達愛的方式。於是她在所有過往的關係裡拼命的給，在每段關係中都扮演如同對方母親的角色，她深怕給少了，表示愛也少了。

她帶著她所認知的三種感情邏輯進入關係中。

她很努力也很幸運，與先生從交往的開始到結婚後，她的工作從業務助理到成為一個部門的主管，職務與薪資幅度一路攀升。她從來不去計較她多付了什麼費用，從休閒娛樂的吃飯、看電影、出去玩，到準備結婚時下聘的喜餅、結婚戒指、聘禮都是用自己的錢去買。剛結婚時，兩個人在外面租房子，家中大部分的生活開銷由她來支付，接下來買了房子，自備款與貸款也由她來張羅與還款；最後連生了孩子的保母及奶粉尿布費用她都全包了……當然還包括了生活費。

她用她所理解的感情邏輯去經營婚姻生活，起初的時候她感覺自己經營得十分成功，沾沾自喜著自己是個能撐起一片天的女漢子。雖然娘家不需要她拿錢回家，但她沒有讓媽媽失望，因為她能賺錢養活自己無須仰人鼻息之外，還能像個男人一樣，撐起全家的經濟。

當她握有家中的經濟大權時，她還想要更多……她還要擁有家中的發言權與決定權，那個她從小就知道的，擁有這個權力的人才是家中真正的一家之主。她的先生十分尊重她，對於她所說的話都會想盡辦法滿足與達成，這就是她夢想中理想的生命藍圖，一個有錢又有權的女人。

她從害怕自己是個在關係中的弱者，到成為想盡辦法讓自己在關係中是有能力給予的人，不自覺弱化了伴侶的能力。沒想到她最後把自己活成男人的樣子，女人原有的柔軟不復存在。她當然不喜歡這種失衡的感覺，但她不知道要如何去解決。她選擇最傳統的方式，就當作這個問題不存在，繼續的跟對方生活下去，這是當時的她唯一知道的方法，但這方法最終也沒辦法讓這段失衡的關係維持下去。

3.走向離婚

這社會只有教導她可以如何完成結婚儀式，卻沒人告訴她該如何才能離婚。結婚是容易的，深受祝福的，可以到處宣揚的。逢人就能說，我要結婚了～然後你會得到一句又一句的恭喜，還有各種結婚的資訊。

但離婚呢？對她來說，它彷彿是地下工作者，沒辦法逢人就說，我準備要離婚了，我該如何走向這條路呢？

離婚對她來說，是令她不安與害怕的，因為她從沒想過會走上這條路，她的腦袋完全的空白。婚姻狀況雖然讓她覺得窒息，但至少讓她感到安全，她早已習慣了身邊有另一個人的生活，雖然她可以獨立完成許多事，但是離婚啊，是徹底地恢復到只有自己的狀態，她早已忘了這樣的自己。年輕時談過幾次戀愛，分手對她來說，並不是件困難的事。但離婚跟分手不同，不是揮一揮衣袖就能瀟灑地離開。他與她之間，還有一個不可分割的——孩子。

在她的腦袋裡，是有一個標準家庭的樣板的。在這個家裡一定要有父親與母親的存在，這個家才算完整。因為她的原生家庭就是如此，即便父母在家裡偶有爭吵，但仍然一起守著這個家沒有分開。而現在，她卻要破壞這個完整的狀態，這個孩子正在成長期，如果他們分開了，這個孩子即將沒有爸爸的陪伴或是媽媽的陪伴，會變成單親孩子，會不會變壞？想到這裡，她的心好糾結，根本無法再往下想下去。

哪對夫妻沒有吵過架？以往吵架，她會意氣用事的說「那我們就離婚吧！」他也會附和著說「離婚可以啊，孩子跟誰？」到最後她都是哭著收場，孩子是她的心頭肉，她可以苟活在令她窒息的婚姻裡，但孩子的成長路上可不能沒有爸爸或媽媽。而且，如果孩子跟了爸爸，以後不認得她怎麼辦？

那個晚上，她按下電梯的同時，也按下了無法再偽裝什麼事都沒有的念頭的鈕。

他們一直有個默契，不在孩子面前吵架。但在按下電梯那件事過後不久，他們再度吵得不可開交，但這一次，他們當著孩子的面前大吵，孩子摀著耳朵哭泣著說，你們不要再吵了！孩子看到兩個用盡全身力氣嘶吼失控的大人的樣子，嚇壞了。而她看到孩子哭泣的樣子，心碎了。她發著抖從嘴裡冒出「我要離婚」，對方也跟以往一樣說「要離可以，孩子跟誰？」這一次，她的回應不同了，她說「孩子給你吧，我不要了，我什麼都不要了，我只要離婚」。這次換他沉默了，他沒想到他唯一的武器失效了，他像鬥敗的公雞般垂頭不語。

但她吵完沒有馬上跟他去找辦離婚，她還沒有準備好，也不知道該怎麼去進行。拖著拖著，他又再次覺得她只是鬧脾氣，就不把這件事當一回事了。但此時，他們的婚姻狀態形同兩件會行走的傢俱，兩個人在家的時候，是沉默無語的，她連把他當作朋友來對待都無法，回家就鑽進房間，或用無止盡的加班避開。她開始尋找律師來諮詢，要如何才能離婚，第一個律師是朋友介紹的，但因為對方是處理公司訴訟案的，禮貌上的給她一個協議書的版型讓她回去改。

真正促成她提起勇氣離婚的，是那一年過年的假期。

無意間，一個老朋友來訊息詢問她，需不需要公司的法律顧問，她知道朋友一直都在法律單位工作，可能是為了朋友找客戶來詢問她。她說：「我不需要公司的法律顧問，不過我需要辦離婚的律師，你有認識的嗎？」

朋友說，什麼時候要辦？律師跟證人要約好才能辦理。

她沒想到這麼直接，被問的腦袋一片空白。她是準備好了離婚協議書，但卻沒有勇氣遞給對方，這下子問到確切日期，她反而慌了，只能說盡快。

律師們是很有效率的，不久之後再次來詢問，日期有了嗎？她只能回答還在詢問當中，其實是沒有遞出協議書的勇氣。

在兩人感情還不錯的時候會一起陪孩子去學琴，夫妻兩個人會在附近的咖啡廳喝一杯咖啡等待接孩子下課，但這種日子已經離她好遠，現在都是一個在家，一個陪孩子。這一天，換她陪孩子學琴，她坐在熟悉的咖啡廳裡，不知道哪裡來的勇氣，她拿起手機，逐字敲打著「我要離婚」，送出訊息時一邊深呼吸，一邊發抖。

「妳鬧夠了沒有，妳到底想怎樣？」他回覆了訊息。

她再度打上「我要離婚」。

回家後，她把藏在抽屜裡好久裝著的離婚協議書的牛皮紙信封袋交給他，「你看一下，如果有什麼意見，你再告訴我」，這一刻，他知道，她是認真的，而且已經準備好了，不是鬧脾氣。

當晚，她跟孩子說，媽媽很想給你一個完整的家，但媽媽再這樣下去會生病，媽媽只能選擇跟爸爸分手。你想要跟誰一起生活，媽媽都會尊重你。這樣的選擇，對還在讀國中的孩子來說，太沉重了。無論跟誰都覺得對不起另外一個人，背叛了另外一個人。

最後她問孩子，你跟我住好嗎?你隨時都可以跟爸爸見面的。孩子不語的點點頭。最後，離婚協議書上寫著「孩子由母親照顧，監護權共同持有」，兩個人去了律師事務所。

她，簽完字那一刻，沒有當初想像的輕鬆感，也沒有因為要恢復自由身感到愉快，反而是一種莫名的哀傷湧上來。

這二十年，彷彿一場大夢，夢醒了，一切歸零，要重頭開始。

參、體驗愛——幸福的機率與巧合

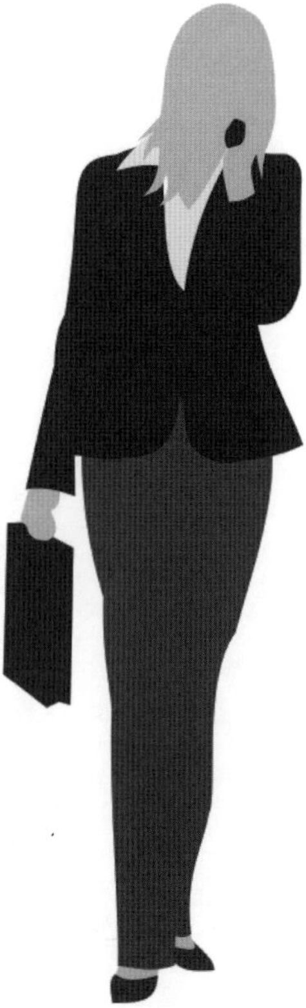

1. 無法計畫的人生

孩子，不在計畫中誕生。

她婚前換了一份工作，這份工作需要她在公司與廠商間奔走，需要天天都加班，一年還得要安排出國展覽跟拜訪客戶好多次，她的工作正在起步，這個老闆給了她充分的權力還有一份堪稱優渥的薪水。她感覺到自己的人生從來沒有像現在這麼有價值與備受肯定，她想要趁年輕奮力一搏。

但先生的父親——她的公公，非常渴望家裡有新生命的誕生，在結婚的第一個月就急迫的問先生，你太太有沒有懷孕了？她知道了非常生氣，對著他說，你爸爸是把我當母豬嗎？我結婚不是來生孩子的。先生很難跟她辯駁，只能安撫著她說，不想生就不要生，沒有關係。

就這樣過了一年多，先生在一次與同事們聚餐回來後悶悶不樂，說同事們都笑他是不是生不出來，才會到現在都還沒當爸爸。她看先生這麼低落，第一次鬆了口說，要生就生吧！

當時的她總是安排清晨從臺北搭國內線飛機去工廠看貨，處理完公事後再搭飛機回到臺北，確保當天還能早早進公司處理公事，回客戶郵件訊息。這樣的日子每週至少會有一次，對她來說就是日常生活。國內線的班機遇到亂流的機會非常多，她並不害怕也不會暈機，但這一天，她意外的暈機而且非常不舒服，處理完客戶的信之後，她準備提早下班回家休息。同事得知她不舒服，見到她難得這麼早下班，就笑她說你該不會是有了吧？

她沒有特別注意這件事，被同事這麼一提，好像真的有可能，於是當晚衝去婦產科檢查，發現真的懷孕了。那一刻她沒有特別的開心，因為當時說要生就生吧，也是一句敷衍先生的話，心想，哪能這麼神準，說生就生，那麼多人都很努力還不見得能懷得上寶寶。電視上演的那種情景「我要當媽媽了！！！」沒有在她的真實生活中發生，取而代之的是，她很後悔現在懷孕了，那她的工作怎麼辦？

於是，她不停的跟先生說她不打算要生寶寶，先生也拿她沒有辦法。最後，先生只好說，如果妳真的不想生，我也不能勉強妳。聽到這句話，她彷彿拿到免死金牌，就說：「好，那找一天去看醫生。」

神奇的事發生了，當她說完了這句話，她就落紅了。「難道寶寶知道我要對他做什麼？」這下子，換她突然緊張起來了。她打電話請了安胎假，在家裡躺著動也不敢動，然後對著肚子裡的寶寶說，媽媽不是真心不要你，我會把你生下來的。

在醫院的第一次產檢，婦產科醫生拿著一個聽筒聽著她的肚子，她聽到了一個像是沉在海底的聲音，醫生說「這是寶寶的心跳聲」。她永遠記得那個聲音，那是她與寶寶的第一次相遇，她躺在診療床上，心裡有種莫名的感動。

她體驗著為人母的感受，她因為會暈車，搭車都半路下車改用走的去公司，喜歡吃的東西瞬間變得噁心無法下嚥，養了好久的黃金鼠突然覺得很臭，只能搬到陽台去。曾經參加過合唱團的她會唱歌給肚子的寶寶聽，一次又一次的哼著自己編的歌詞，訴說她有多愛寶寶，她好怕寶寶記得當時說不想要生下他的事。

那一年還遇上了九二一大地震。為了胎教，她把以前讀書時帶去補習班用的收錄音機拿出來充電，想要放胎教音樂給寶寶聽，沒想到才充好電，當晚就遇上九二一大地震。這突如其來的大地震，在高樓層的感覺彷彿整棟樓就快解體垮掉。整個臺北市大停電陷入漆黑一片，充好電的收錄音機恰巧有播放廣播的功能，真的聽到臺北市有大樓倒垮，她一方面很驚嚇，另一方面也覺得自己非常幸運能平安度過這個大地震。這孩子一定是福大命大，她心想。

她是一個崇尚自然生產的人，從一開始決定要生下孩子起，她就不斷的鍛鍊自己，為了自然生產而準備著。但足月了，孩子卻遲遲不肯出來見面。醫生說，如果再不肯自願出來見面，就要催生。

她跟醫生約好了催生日期，「就聖誕節當天吧！這是聖誕老公公送我的聖誕禮物。」她說。不過，這個孩子，非常有自己的主張，他選擇了他想要出來見面的日期，還有方法。

她在公司工作到一半羊水破了，跟先生約好在家裡碰面，準備去醫院報到。因為沒有生產經驗，不知道破水的嚴重性，她還一派輕鬆，回家洗了澡，還去美髮院洗了一個頭，才拿著細軟準備去醫院。到了醫院打了催生針，足足等了十八個小時，旁邊的待產媽媽們都一個個去生寶寶了，她卻還在這，一點動靜也沒有。

催生針的威力，讓她痛得無法思考跟呼吸。她的母親擔心孩子在產程中耽擱過久發生危險，主動跑去問醫生：「我女兒可以剖腹產嗎？」最後她進了手術室，準備剖腹生產。

當醫生看到寶寶的那一刻，跟她說：「媽媽啊~你兒子以後要當總統啊！他的臍帶打結，如果是自然產，他會因為經過產道，臍帶拉扯而缺氧的！」

她終於見到她的寶貝，她才不在意他以後到底當不當總統，她在意的是這個寶寶是健康的來到這個世界。這是一個神奇的過程，她非常感謝眼前的這個寶寶，讓她體驗到成為一個母親的難得經驗。一個母親是如何的心繫著她的孩子，願意為孩子奉獻她的一切。

透由這個生產的經驗，她深深明白一件事，生命是如此神奇，要怎麼來到這個世界是無法預期，而人生充滿變數是無法被計畫的。

2. 控制

她討厭被控制，卻也成為控制者。

她印象中小學低年級放暑假的午後，媽媽會要求她睡午覺，毫無睡意的她躺在媽媽的身邊不可以動，動了就會挨罵，因為會吵到淺眠的母親。

她家公寓三樓住著一個很會彈琴的姐姐，媽媽一直稱讚她彈得真好，於是在她小學二年級時帶著她去學鋼琴，接著買了一架鋼琴硬要她練，也不管她有沒有興趣，當她練到六年級開始對琴有了感情，又說不要再練了，因為要讀國中有升學考試壓力。

她討厭這樣的專制行為，因為完全不考慮她的感受。但可笑的是，當她為人妻、為人母之後，竟然也成了控制者。

最恐怖的是，她不僅想要控制孩子，還想著控制這個家裡的一切。當時的她一點也不覺得她有控制慾，這一切都是為了家人好啊，怎麼會有錯呢？

在她的小時候，要能學上鋼琴一小時的課程是昂貴的三百元台幣，當時一顆美國進口的五爪蘋果要價五十元台幣，一顆菠蘿麵包才兩元台幣。因為家裡的開銷非常大，使得媽媽必須非常節省，但她渴望孩子能夠跟別人一樣能學得了鋼琴，硬是要父親買了當年不是一般人負擔得起的鋼琴給她練。當年的她，完全無法感受到這一份愛，她只感受到了被控制跟滿足母親的虛榮心——媽媽一定是要藉由她學鋼琴可以跟別人炫耀她的女兒也會彈鋼琴。於是當時的她又下了一個決定，以後她有小孩絕對不會強迫她的小孩學什麼樂器，除非孩子自己要學。

她的孩子在幼稚園時期非常喜歡下棋，於是她讓孩子參加了圍棋班，他認真學了幾年，她一度以為孩子要成國手了。但在一年級的時候孩子突然跟他說想學小提琴，她很驚訝，竟然有小孩主動提起要學樂器這件事，不像當年的她是被強迫的。當她的孩子開始學琴的時候，她開始控制他每天都要練琴，一次至少要練多久。孩子的注意力其實是有限的，當孩子沒有照她規範的做的時候，她非常生氣，把孩子的收費袋丟到垃圾桶，說再也不給他學了。

她仍記得孩子當年哭泣的樣子，然後孩子的爸爸一邊安慰著孩子，一邊把收費袋從垃圾桶撿起來。她忿忿地說，「你撿起來你就自己幫他繳學費，他這種學習的態度，我是一毛都不會付的。」

這些以愛為名的想法與行為，她覺得再正常也不過了。她卻忘了自己曾經有多麼不喜歡被控制，多想要逃離這個受到控制的感覺。

許多的人無法接受原生家庭的生活方式與樣貌，卻默默地複製了原生家庭的版型。當她開始學習認識自己時，她看到了自己好像她的母親。一開始，她好痛恨這種感覺，不敢相信自己竟然變成媽媽的樣貌，後來她發現，這些控制裡面其實是媽媽對她無窮無盡的愛。而她也是啊～她是對孩子滿滿的愛，當孩子說要學琴她也是帶著他去報名跟選琴。但孩子一旦沒有照著自己的期望值走的時候，自己卻成了一個控制者而渾然不知的傷害了孩子。

她的母親掌管著家裡的大小事，她一度覺得爸爸超無能的。她一點也不想要未來的自己也變成媽媽這樣，她也不要有一個無能的先生。她心想。

但曾幾何時，她也掌管著家裡大小事，卻讓她不知不覺地一步步地走向變成另外一個媽媽的樣貌。太習慣掌管家裡的大小事，一旦先生發出了不同意見的聲音，這讓她非常的不舒服，覺得不受重視之外，還覺得自己很受傷，做了這麼多卻沒有得到對方的感激。

離開了婚姻之後，她不斷的思索這段關係裡的種種發生。漸漸地她才能理解，當年的爸爸並不是無能，而是他非常的尊重跟愛他的太太——她的母親。於是把所有家裡的大小事的決定權交給太太，他就認真地當著他家庭經濟主要供應者的角色就好。

她的前夫，很可能也一直是這樣的心態吧！基於尊重與愛，把家裡事情的主導權交給了她，但當時的她也沒有感受到這是一份愛的表達，更別說是感謝他的這份尊重。

現在的她，身處在另一段親密關係中，還是會不自覺地偷渡了這種掌控慾的控制力。當她觀看整個事件的發生時，會從中認出伴侶願意讓出主導權是基於愛，她的感謝之心也會因為看到真相而油然而生。

3. 愧疚

失敗的婚姻，讓她對孩子有極深的愧疚感。

她曾經非常努力的想要為孩子保留一個完整的家，在她的認知裡，有爸爸和媽媽在一起的才是完整的家，畢竟她的原生家庭是如此呵護她長大的，雖然父母也是會爭吵。她盤算著，熬到孩子高中畢業考大學後，再跟先生提離婚，至少對她而言，孩子已經長大到能夠照顧自己而不用全部都靠父母。

時間一直過，她越來越不開心，倒數著離開的日子過得很慢，她開始擔心，自己的狀態不知道能不能熬到孩子考完大學。這時候孩子才讀中年級，距離考大學還有好多年，但她憂鬱的傾向越來越明顯，她開始會不自主的哭泣。

她陪伴孩子入睡的夜晚，她會趁機告訴孩子一些觀念，想讓他有點心理準備，萬一有一天，她跟爸爸沒辦法再生活在同一個屋簷下，孩子不至於因為事情太突然而無法接受、承擔。

她會跟孩子說，你知道嗎，爸爸跟媽媽原本是好朋友，因為喜歡彼此所以決定在一起生活，所以結婚生下你，你是我們的寶貝。接著她會問孩子，你小學一、二年級的時候，有些跟你很要好的朋友，但現在下課時間就沒有一起玩了，對嗎？孩子點點頭。她會順著下去接著說，爸爸跟媽媽也有可能現在是好朋友，但以後就不是了，跟你和同學一樣的，你能明白嗎？她講完，孩子與她都處於靜默的狀態，她想，這孩子是懂的，只是不會表達自己的感受。而她，躺在孩子身邊，眼淚不自主的流下來，她不敢出聲，很怕孩子知道她在哭泣。

她向閨蜜訴說著她跟先生相處的狀態，很怕孩子會知道她想要離婚。這時候閨蜜默默的跟她說，你以為孩子還小不會懂，但他們的靈魂其實都知道發生了什麼事，你太小看孩子們的感受了。她第一次聽到這樣的說法，有點震驚，她一直覺得自己在孩子面前裝得很好，跟他的爸爸雖然不常講話，但也沒有交惡到起爭執，家裡的氣氛只是有點冷。

經過這番談話，她開始察覺到孩子其實是知道家裡的狀況的。他喜歡打線上遊戲，但後來變成沉迷在其中，一場遊戲打下來，他是整個人埋進去似的，怎麼喊他都喊不動，他的爸爸還因為叫不動他而吼過他。之前，她單純的以為孩子就是因為愛玩電腦線上遊戲太入迷才喊不動，後來她上了許多成長課程，才知道，孩子因為不想聽到也不想看到家裡的狀態，慢慢的把眼睛的視線還有耳朵的聽力都轉移到電動遊戲上。課程中老師從學員的反應就能知道這個人是關了哪一種覺受，家裡的狀況是如何。

她終究還是等不到孩子考大學，她以淚洗面的時間越來越頻繁，跟先生的互動也幾乎等於零。在孩子國中二年級那一年，正式和先生分手了。

離婚後，她跟孩子住在原本的房子裡，她怕孩子在學校裡同學們發現他沒有跟爸爸同住會被欺負，也害怕孩子因為爸爸不在身邊難過，更怕因為這樣影響了孩子考高中的成績……還有最主要的原因，對於沒辦法給他完整的家感到愧疚，她自覺是個失敗的母親。

帶著對孩子愧疚的心態跟孩子相處，這種愛不是真愛。

應該說，帶著愧疚在任何的關係裡，都不是真愛也無法長久。

前夫常打電話給她爭執財產分配的事，前夫交的女友偶爾會搶電話大聲跟她說些很難聽的話，但都是在孩子不在場的時候。有一次，剛好打來是透由孩子的手機通話，掛上電話後她把孩子叫來面前，她再也不想隱瞞整件事情的發生了，一五一十的把為什麼跟爸爸離婚的前後原由告訴孩子。她說，「以後你可能會聽到其他的版本，但這個版本是屬於媽媽的，你若聽了媽媽的版本而恨媽媽，媽媽也會接受的。」沒想到，孩子聽完告訴她，「只要妳開心，不要再哭就好了。」

她好感動，自己何德何能有個如此貼心的孩子。那份愧疚感，在這一刻，彷佛就消失殆盡，她可以在孩子面前真正的做自己，無須擔心孩子會因為她選擇離婚，沒有給他完整的家而怨恨她。

最神奇的是，這件事過了不久，孩子主動跟她說，接下來靠近考試倒數的一百天，他不會再玩線上遊戲，他要努力衝刺高中聯考了，那個對電玩幾乎成癮的孩子竟然這麼對她說。

原來，當一個人能勇敢的表達自己內在真實的感受的時候，別人才會有機會真正的瞭解妳，而這份勇敢會讓整件事有一個巨大的恩典……她突然明白了這件事。

肆、扛起愛——請你不要拋下我

1. 哭人山出世的孩子

你是哭人山出世的孩子嗎？怎麼會這麼愛哭？媽媽生氣的問著她。

她的母親在她很小很小的時候，常常在她哭泣的時候對她這麼說，當時她也不明白自己為什麼這麼愛哭。但當時的她只是很狐疑，我不是你生的嗎？為什麼

我會是在哭人山出世的，而哭人山在哪裡？

那幾年，她們家住在鄰近菜市場的巷子裡，媽媽為了張羅每日餐桌上的飯菜，天天都會去菜市場。媽媽有時候讓她一個人留在家，有時候會問她要不要跟她一起去菜市場。媽媽一手牽著那個小小的她，一手拖著菜籃車，兩個人一起前往菜市場，這個菜市場非常的傳統，就是沿著一條大馬路的兩旁有許多的攤販擺攤，一攤挨著一攤，有賣各式蔬菜跟水果的，也有海鮮跟肉類的小販。當年沒有什麼超市或量販店可以讓這些媽媽們採買食物，菜市場裡每天都是滿滿的人潮。跟媽媽去菜市場其實是一件開心的事，媽媽會向養樂多媽媽買養樂多回家給她喝，偶爾也會問她有沒有想要吃什麼。

但常常這趟菜市場之旅到最後大概都是不愉快的收場回家。

在滿滿的人潮中穿梭的媽媽，通常會這樣下指令給小小的她：「你站在這裡等我，不要亂動，我買個××就過來。」於是媽媽就會拖著菜籃車擠進人群中，小小的她眼睛緊盯著擠進人群中的媽媽，深怕一個不注意，就找不到媽媽。通常在前幾攤，她都能注視著媽媽在人群中穿梭在不同的攤位上，但小小的她注意力總是有限度的，到了後面可能有什麼特別的人事物吸引了她的眼球目光，一回神就再也找不到母親的蹤影了。

她會開始在菜市場裡努力的尋找媽媽的身影，然後不停地喊著媽媽。雖然這是再熟悉不過的菜市場，她也知道回家的路，但找不到媽媽就是會讓她好緊張，因為她也怕媽媽找不到自己。終究媽媽就是消失在菜市場裡，她沿著熟悉的路回到家門口，一開始是站著，然後就換成蹲著，最後就坐在大門口。

時間，對於小小的她來說，是一個模糊的概念，她總覺得等了好久好久，媽媽怎麼還不回來。然後小小的她就會開始哭泣，不知道哭了多久，媽媽終於拖著菜籃車回到家門口，看到哭著坐在門口的她，並沒有給予任何的安慰，反而是生氣的對她說，不是叫你在那站著等，為什麼跑回來了？

哭什麼？有什麼好哭的？我不是回來了嗎？真搞不懂，妳是哭人山出世的嗎？我怎麼會生一個這麼愛哭的孩子？不要哭了！

小小的她不明白，媽媽為什麼不能蹲下來好好地安慰我，或是抱抱我叫我別哭，她難道不知道我很害怕嗎？為什麼不能像卡通影片裡面的媽媽，溫柔的對待孩子？

當她自己成為人母的時候，她慢慢地懂了當年的母親。在她自己生完孩子在家坐月子的時候，面對半夜哭不停的小孩，她也手足無措過。當安撫無法產生效果的時候，她也會對著襁褓中的寶寶大嘆，你為什麼哭個不停？當寶寶慢慢長大，她自己也體驗過一邊做家事，一邊帶小孩，情緒上來而感到惱怒到對孩子咆嘯。

這一刻，從她的內心升起了佩服母親的感受。

她體驗到了身為一個女人的不容易，當年的母親是怎麼度過這一些讓自己手足無措的時刻呢？想到當年的母親也才二十幾歲，在原生家庭中是老么，無須負擔家裡的責任。婚後成為家庭主婦，又沒有什麼社交活動，承擔著許多來自夫家的家庭重擔還要照顧小孩。她的父親早逝，母親與哥哥嫂嫂同住，姊姊們各自有家庭要張羅，她可能也無法回到娘家尋求家人的慰藉。在那個遙遠的年代，年輕的她，壓力無處宣洩。

一個無法得到他人安慰與支持的人，自然就會學會堅強，同時很難給出安慰與支持，因為內在沒有這個經驗值。於是她突然明白了，當年母親不是真心要責怪孩子怎麼這麼愛哭，而是當時的她並不懂得如何安慰一個人，直覺的反應是「妳怎麼不能像我一樣堅強呢？」但說出口的言語是「妳是哭人山出世的孩子嗎？」

身為一個人，有多少時候是言不及意呢？身為父母，哪有不愛自己的孩子的道理，但卻因原生家庭的生活中缺乏真實的表達當下的感受與想法的經驗值，最後造成了親子間的誤會。

後來，她曾對長大的兒子敘述曾在他非常小的時候打過他的往事，並向兒子道歉，請孩子原諒她。如實對長大的兒子表達當時自己的感受，坦承當時的自己無法經驗如何面對哭鬧的孩子，自己並非一百分的媽媽，但對孩子的愛是千真萬確的。

父母親向孩子真心地表達自己的感受是非常重要的，孩子會從父母身上學會真心的表達自己；成為一個願意認錯的父母更是重要，因為當孩子明白了家長的苦處後，會成慢慢地成長為一個有同理心的人。

2. 離家

在她的成長過程中，有好幾次因故必須住在不同人家裡的經驗，大概都在她小學一、二年級之前。她的記憶力非常的好，她能記得住大概兩、三歲時發生的事情。

第一次有印象住在別人家，是媽媽生大弟的時候，她住在舅舅家。那算是她第一次跟父母分開，外婆與舅舅跟舅母同住，她是家裡最小的孩子，得到了一家人的寵愛，她記得自己含著糖被舅母哄著睡午覺的事。

接下來，她還住過不同的阿姨家。有個阿姨在她牙痛的時候幫她塗上明星花露水止痛，有個阿姨會唱茉莉花給她聽，她仍記得這些溫暖的感受。

後來媽媽去生小弟的時候，她跟大弟去住了另一個阿姨家，阿姨家人對她跟弟弟很好，但阿姨家的人常常很大聲的對話，她感受到的是從來沒有體驗過的爭執感，她感覺好害怕，好想回家，爸爸媽媽到底什麼時候才會來接她回家？她開始排斥住在別人家，但當時的她很小，沒有表達意見的權利。

最後一次住在別人家，是她讀小學一年級的時候。當年的她，因故被安排在外地求學，她的母親為她安排到阿姨任教的小學先讀一陣子再轉學回到戶籍地。阿姨跟姨丈是在國小任教的老師，住在學校安排的教師宿舍裡，姨丈是當年跟著軍隊來台灣定居的河北人，兩人對她非常得好，但即便如此，她還是很不習慣住在那裡。

她小時候在家吃的早餐是蘋果麵包搭配果汁牛奶，但去到阿姨家都吃白饅頭搭配沒有味道的白色牛奶；她的家有抽水馬桶跟浴缸，阿姨家的廁所是在家的外面的和式蹲式馬桶，她對於上廁所要走到家的外面感到很害怕；她在家裡有自己的房間跟彈簧床，床上還有許多陪伴她入睡的玩偶，在阿姨家她睡在上下舖式的鐵架床鋪墊著薄薄的床墊，沒有她的玩偶們。對於這樣的生活，她感到孤獨與不習慣。

最讓她害怕的事，是她每天要從阿姨家前往學校的路程。這間學校位在半山腰上，從阿姨家到學校，她必須要走一條有階梯的山坡路，沿著這條路旁也是教師宿舍，去學校的途中，會經過養了一條大狗的人家，每次她經過這裡，這隻狗都會對她狂吠，她只能揹著書包快快跑過去。她跟阿姨說，這隻狗讓她很害怕，希望有人能陪她去上學。阿姨回答她說，那隻狗在籬笆裡面，牠不會咬妳，妳要學會不害怕。但阿姨的這番話一點都無法消彌她內心的恐懼。

她猶記得每一次放假，媽媽到車站接她回家，她都好開心；但假期結束，媽媽送她到車站把她交給阿姨時，她都會一直哭著說，她不想離開家，不想離開媽媽，可是她沒有不回去上課的權利。

經過這麼多次的寄宿經驗，她對於隨時都會被安排送到不同人家住，又不知道何時才能回家，她有一種莫名的不安全感跟恐懼。

她的信念多了一條「她隨時都會被拋下。」

後來她開始經驗自己的親密關係時，這個信念緊緊地跟著她。當她開始感覺到這段關係裡有一絲的變化或不安的時候，她要先成為那個拋下別人的人，她要當那個有決定權的人。剛開始她並沒有察覺到她這個深深隱藏起來的信念，是多年後她開始療癒自己的時候才發現的。

她曾經責怪母親為什麼這麼狠心把她安置在阿姨家這麼久，當她每次提到這件事的時候她都會很難過，那段日子彷彿經過了一整年。

後來，她鼓起勇氣在電話裡跟母親提起這段往事。她問母親，妳還記得我一年級去寄讀在阿姨就職的小學的事嗎?當然記得，母親回答。

「我到底去讀了多久?一年還是一學期?」她接著問。

母親的回答讓她非常驚訝，她聽到母親從電話那端說，「哪有這麼久，妳才去讀了一個月。」

她在電話這一端激動得一邊放聲大哭，一邊跟母親說，我以為我去讀了至少一學期，甚至感覺到像去了一年。

媽媽回答她，沒有啦~如果要去那麼久，就不會讓妳去讀了。她又追問母親，「那個時候，妳會想我嗎？」這句話才是她最想得知的關鍵，媽媽究竟在不在意她？

「當然會想啊！誰不會想念自己的孩子呢？」媽媽的回答，像神的救贖一般，拯救了她的靈魂。

我們有多少的信念是當年的誤會所種下的，卻牢牢地跟著我們到現在？

而這些莫名的信念，讓我們在關係裡受盡苦頭卻不自知，除非能得到了事情的真相，還給孩子與父母重新相愛的機會。

而得到事情的真相，除了能問父母去還原之外，還能透過深度的療癒引導去看見。

3.我渴望被在意

她一直感覺父母最在意的是兩個弟弟，不是她。

她曾經是家裡唯一被關注的孩子，在弟弟們還沒出生之前，她是獨生女，擁有家中所有的關注與照顧，當然還有愛，全部的愛。

她是從什麼時候開始覺得自己沒有被重視，沒有被愛呢？

又是從哪一刻開始，她決定要非常努力讓大家看到她，肯定她？或者其實只是想要大家好好的愛她？

而誰是那個大家呢？大家其實只是她的父母。

自她開始有了記憶，爸爸媽媽總是忙碌於照顧大弟，還有之後在出生的小弟。在大弟出生後，爸爸媽媽常常都帶著弟弟出門，她時常是一個人在家。當時那個小小的她，完全不知道家裡到底發生了什麼事，但她意識到自己已經不再是大家注意的焦點，她好想要回到那個被全心呵護，被父母看見，也想要跟弟弟一樣被爸爸媽媽帶著出門。

她曾趁著父母帶弟弟出門的時候，模仿著媽媽在浴室裡洗衣服的樣子，拿起了臉盆架起了只比她矮一點的洗衣板，放上髒衣服開始洗衣服。她心裡想著，如果自己把衣服洗完了，等於幫媽媽減輕家事的工作量，爸爸媽媽一定會覺得我很棒，他們就會看見我。

當她慢慢的長大到懂事的時候，台灣的經濟來到一個史上最高峰，臺灣錢淹腳目的年代。她的父母開始學著投資股票，每天晚餐的時候，家裡的對話再也不是她或弟弟，而是一支支的股票漲跌。她的競爭對象從兩個弟弟，變成了她沒聽過的公司名稱，或股票代碼。

她長大了，但渴望被關注與被愛的感受沒變過。長大了以後，不管到任何團體裡，她也會在這個群體裡十分盡力，想要藉此得到大家的肯定，或者是主管的讚賞，在伴侶關係裡也是如此。

她渴望著對方要百分之百把心思都放在她身上，像是找回她曾擁有的，父母給她的百分之百的關注。但她最後總是好失望，這些伴侶，都會有某個片刻，心思放在其他熱衷的事情上，於是她會跟這個人分手，只為了尋求肯定。

她會盡可能的在交往的過程裡好好表現或者做出某些自我犧牲，好得到對方的認同，甚至對方家人的認同。她的信念是讓自己成為一個完美的伴侶，這樣對方就會深愛著自己。

這樣的關係是無法長久的，因為在整個過程中，她沒有自己。她所付出的一切，看似是愛，但其實都只是出自於討好，為了得到被看見與肯定。如果對方對她的付出有反應，她會覺得很開心，她覺得自己被看見，這些付出與犧牲都是值得的；反之，如果她的付出對方沒有反應，她就會立刻下了斷語，這個人不愛她。

從小到大，她都在追求著被他人肯定，與渴望著被他人所愛，她堅信這是她真正的需求與渴望。從挫敗的交往過程到結束收場的婚姻，都是一樣的模式。她並沒有在這些過程中，察覺自己的反應模式有問題，反而認為這些人都讓她好失望，沒辦法給她所要的那種全然的專注。

當她的婚姻出現了問題，她才開始慢慢地理解到這個世界跟她原來所認知的不太一樣。這世界上有一群人，會透由閱讀書籍、課程去學習瞭解自己；她發現，原來她所認識的自己，只有某一個面向，她根本不懂得什麼是真正的愛。

她以為的愛，非得要用她認定的方式才算數，若用其他的方式所表達的就不是愛。經過數年不間斷的課程學習與自我覺察，她慢慢開始懂得真實的愛的樣貌。

多年後，她的事業掉入了低潮，她不敢告訴父母，她覺得不成功的自己是無法得到父母的愛的。

父母其實感受得到她的低落。某一天的晚上，她如同往常打電話向父母問候，她聽到電話另一端爸爸熟悉的聲音，她開始哽咽，爸爸不知所措的問她說：「有什麼事情讓你不開心，可以跟爸爸說嗎？爸爸雖然不是很有錢，但有什麼是爸爸可以幫得上忙的？爸爸不在意妳的工作有多成功，爸爸只想要妳過得開開心心，健健康康就好。」

她在電話的這一頭，體驗到那種被珍愛的感受，她發現爸爸是無條件愛她的，在那一個片刻，她就是獨生女。爸爸給她的愛，小到大沒有變過，只是爸爸有太多要煩惱的事，包括工作的壓力、原生家庭的經濟負擔、自己家中的生活費與孩子的教育費用。

而她的媽媽，得知她的事業在低谷，在她回家吃晚餐的時候告訴她：「如果真的沒辦法再繼續經營下去，可以收起來沒有關係，妳可以做妳喜歡的事，不一定要經營公司。」

雖然她認為母親從小到大都拿鄰居與表姐們來跟她比較，讓她很受傷，但這一次她完全收到母親給她的愛，而且覺得非常感動。

她終於發現，父母給她的愛一直都在，從來沒有改變過，父母的愛會用許多的樣貌展現，也許不是依她所期待的方式，但父母的愛就在那裡，源源不絕。

伍、我想愛——身體的吶喊

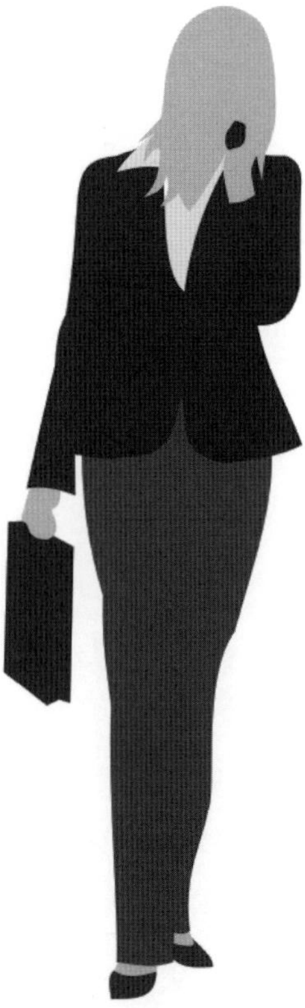

1.無名的痛

生命會在你需要停下來的時候給妳一個煞車的警訊，但當時的她不理解。

她從小到大堪稱健康寶寶，從小到大除了感冒之外幾乎很少生病，這是她母親對她的少許讚賞之一，青春期時生理期十分規律，也很少因為生理期感到不舒服。她的身體，曾在兩個時期出現過抗議的狀態，一次是剛畢業進入大企業工作的那一年，壓力大到讓她每個月到了固定的時間都會感冒發燒，兩個星期後才會復原，當她去人事部門填假卡的時候赫然發現每個月都在固定週期請病假，就毅然決然離開了那人人稱羨的工作。轉換工作跑道後不藥而癒，她的身體重返健康寶寶狀態。

另一次，是她快要進入四十歲的時候，對她來說是個永遠難忘的一次經歷。當時正值她的創業初期，她從一個經理人狀態中去摸索如何成為一個經營者。同時，她還遇到了金融海嘯，把她原來勾勒出來的經營計畫全都打亂，她的客戶們紛紛中箭落馬，不僅僅是訂單減少，還有直接破產的客人。每次月底到隔月的月初都是她最焦慮的時刻，因為不知道周轉的金錢要從哪裡來，她要支付員工的薪資、昂貴的辦公室租金，另外還有許多的廣告費用、參展費用等著她。

此時此刻的她除了工作給她的煩惱，還有一直以來的與前夫之間情感的糾結與在婚姻中的不快樂。身體終於在這時候，給了她重重的一擊。

莫名的每個月該來造訪的的月事突然不來了，她的身體改用極度疼痛代替這每一個月一次的週期。第一次的疼痛感讓她好驚慌失措，她從來沒有過這樣的感受，她終於能理解別人曾說過月事期間痛到要急診或者是叫救護車的傳聞是真的。她一直覺得這樣的形容很誇張，月事來的確偶爾會讓人有不舒服的疼痛，但怎麼會有人痛到要送急診或者還要叫救護車？

這一次，她自己親身體會到了這種痛感，那不尋常的疼痛讓她痛到無法下床還因此發燒了。她持續痛了兩天後，痛感逐漸地消失，她才去當年生產的醫院掛號，檢查她的身體到底發生了什麼事，讓她如此疼痛不堪。在一番折騰的內診、超音波、抽血、驗尿程序，等待檢驗結果。

醫生雲淡風輕的告訴她，你一切的報告都很正常，除了幾顆很小的肌瘤，但這尺寸的肌瘤不會讓你疼痛不堪，從報告裡看不出妳有什麼毛病，你要不要再回去觀察一下，看下一次週期的狀況如何？我先開消炎跟止痛藥給妳，如果下個月還會痛、發燒，妳可以先吃止痛藥緩和一下疼痛的程度跟退燒。

醫生檢查不出來有什麼症狀，那就當它是偶發狀況好了，她這樣安慰著自己。沒想到，第二個月她又重複經歷了同樣的狀況，疼痛的程度只有比上一次更劇烈，沒有減緩。她吃了止痛藥，沒什麼效果。她依然痛得下不了床。再一次前往醫院，醫生這一次仍然無法告訴她，她的身體怎麼了，只能開了更高劑量的止痛藥給她。接下來的幾個月，她都會按著週期劇烈的疼痛著，止痛藥從一顆，兩顆到三顆，吞下去的止痛藥都像苦糖一樣，只有安慰效果沒有真的改善她的疼痛。這段期間，她也聽從了醫生的建議，分別施做了兩三次不同的手術，試圖讓經血能順利的排出來，但這些手術都不奏效。

例行公事般的，每個月她都經歷痛完了就去找醫生報到，到最後這位醫生看到她坐在候診的椅子上，都會直接叫她進診間，她連排隊都省了，她明白這位醫生其實早就對她束手無策，只能例行的問她上個月如何，還會不會痛，再換一種止痛藥吃看看。她開始造訪一些朋友們好心推薦的坊間傳說的名醫，這些隱沒在巷弄間的、沒有招牌的、一打開門人山人海的、藥材貴到爆的，都沒有治好她的病症。

她曾痛到用翻的下床，步履蹣跚的一步一步挪動身體，只為了去熱一碗母親為她準備補身體的豬肝湯。她為了自己竟然變成這樣不知道會不會有痊癒的一天，坐在廚房的地上嚎啕大哭，此時此刻，她覺得非常的孤單無助，拼命工作這麼多年帶給她的竟然是感覺人生毫無意義。她開始質疑著自己的人生，婚姻到底帶給了她什麼？生小孩有什麼意義？雖然她愛她的孩子超過愛自己。

平時聽起來像是老生常談的「健康是許多零前面的那個一，如果沒有健康，後面有再多的零都還是等於零。」此時此刻，對一個在攤坐在地上，連走都走不動的人，這句話宛若真理。她正在經驗著這世界上所有的一切都與她無關的感受。她心想，如果身體不會痊癒，那麼事業與許多她想要體驗的事，都是夢幻泡影了。她不懂，為什麼她明明是個很很健康的人，會突然得到這樣的怪症狀，老天爺也太會捉弄人了吧！

不開心與壓力同時出現在她的生命中，她卻沒有改變心態與思維的覺知，只想要忍耐或者裝作沒看見。奧妙的生命有一個機制，當祂一直叫人轉向都叫不聽的時候，祂就會乾脆給你按下暫停鍵或來個大迴轉讓妳停下來思考或是換一個方向前進。只是她正在經驗這個人生踩緊急剎車急暫停的體驗卻不自知。

2. 孤獨

在這一場長達超過一年的病痛中，她一直有種無依無靠的孤獨感。

當她的身體處在非常不舒服時，會敘述著病痛的感受與心情給她最熟稔的家人朋友聽，他們好像都無法體驗她所受的痛楚，對於聽的人來說，那些痛楚都只是一種無法體會的形容詞。她的確會得到一些關心與安慰，例如說：「妳還好嗎？」、「真的很痛喔，辛苦妳了。」、「妳要不要去看某某有名的醫生，聽說誰誰誰被他治癒了。」她覺得這些關心都像是隔靴搔癢，一點作用都沒有，如同醫生開給她的那些無效的的止痛藥一般。

這些她都還能熬得過，但對於身邊最親近的伴侶所給出的，她特別感到難過與孤獨。她的內心非常渴望得到對方的關懷與愛，但他似乎不懂得要如何安慰她才能讓她真的好受一點、開心一點。她的先生在於表達情感上，是內斂的。他也許很關心她的狀況，但言語跟行動上很難表達出他的心意，或者是說，怎麼做都很難讓她覺得滿意。

她真心渴望的，是那種被捧在手掌心呵護的感受，但她沒說出來讓先生知道，反而用一派的倔強表達她不需要先生特別關心她。

她在原生家庭裡，從小就很渴望能成為爸媽捧在手掌心呵護的女兒，但父母的心力都懸繫在兩個弟弟身上，最後她只能告訴自己要堅強，不要成為一個會造成別人麻煩的人。

先生也曾經表達過，願意請休假在家裡陪她，但被她拒絕了。因為這會讓她感到自己很沒用，硬是要對方去上班，來證明自己夠堅強。這一場自怨自艾的戲，演得沒完沒了，當時的她只覺得，這世界都要遺棄她了，包含她的先生。

她的先生在這個時間點上，工作被指派換了一個部門，開始忙碌起產品行銷與店面導購教學。在他任職的大企業裡，換部門就像是轉職到另一家公司一般，必須去適應新環境跟職務內容，這份新職務也讓他開始頻繁的出差與加班，籌劃產品銷售事宜。身體不病不痛的時候，她忙碌著剛起步的公司，也正常照顧家裡生活起居，她陪孩子早早就寢，先生就在書房忙著工作的事。也許是她太專注在她的痛苦上，也許是她當時的態度與狀態不斷的把先生往外推，她把婚姻也往「相敬如冰」的方向推進。

她是個習慣做中遠期規劃的人，這個病症卻讓她無法規畫生活與工作或遠期行程，譬如她以往規律地安排國外出差，或是為孩子安排家庭活動。她痛恨這種無法規畫的人生，她的生活形態被限縮，活動範圍受到侷限，她開始憤世嫉俗的覺得老天爺對她不公平，她不斷地怨天尤人，卻從沒有一刻是把焦點放在自己身上看看自己發生了什麼問題導致了這場病，她也並不瞭解，所謂的身體狀態是心理狀態所影響與反應出來的。

那年夏天，朋友約她去離島度假，說轉換心情也許身體就好了。她鼓起勇氣，打算要跟朋友一起去旅行，她邀請先生一同前往，但先生說，他那個時間點必須去工作無法同行，要她與朋友們好好的去玩。經過了這麼長一段時間的身體折騰與心理煎熬，能跟朋友一起出門，她感覺到無比的放鬆與難得的開心。

旅遊回來後的一個深夜，她不小心看到先生睡著卻沒有關掉的電腦，她才驚覺婚姻裡有了異狀。那一晚，她徹夜未眠，她身上的細胞，感覺是全死了一遍，她全身顫抖，腦袋一片空白不知所措，電影裡說什麼一夜白髮的誇張形容詞，她也懂了那感受。

她雖然跟先生相敬如冰，吵架時也會盤算著在什麼時候想要離開這段婚姻，但絕對不是在這麼突然的情況下。她在工作的時候想到這件事就哭，發生這樣的事，她竟無人可說。她是個報喜不報憂的人，她沒打算回娘家哭訴，也不知道如何跟朋友開口。最後，她跟一個只見過一次面的朋友說了這件事，只因對方一開口就問她，你最近好嗎？

這句「你最近好嗎？」讓她決定把發生的事說了出來，她滿腦子的念頭只希望這件事從來不曾發生，她只想要快點解決這個痛苦。這位朋友是她生命中的貴人，引領她慢慢走向探索自己的道途，她並不知道自己未來的發展會與現在發生的這件事息息相關。

經過了許多年後，她才能體會，原來每一個發生，它都有其用意；每一個受苦，都是引領著人們的生命往前邁進的契機。當時覺得無法脫離的苦難，後來才領會到這是讓自己走向今天必經的過程。

3.奇癒

常常聽到人家說，生命中充滿恩典，她當時淺薄的以為恩典是電影裡演的神蹟，讓不能走的人突然會站起來，看不到的人突然能看見，這才叫恩典。

她是一個內心柔軟但腦袋建構得非常理性的人。在她生了這一場無解的怪病的後期，她走訪了許多中西醫，只要有人介紹，她都會抱著姑且一試的心態去看看。

生病的那段時期，她跟風去一個新興的社交媒體上留言。在這個軟體上，不需要用真實的姓名與身份，誰也不認識誰，她可以暢所欲言。

有一天，她留下一句「明天又要痛了！」突然有位陌生人在她的留言下回覆「妳怎麼了？為什麼又要痛了？」

她心想，反正互不認識，就當作聊天吐苦水好了。她把每個月都會痛得死去活來的病兆跟看遍中西醫生都找不到病因的事，不吐不快的通通一股腦倒給了這位陌生人。他聽完了之後回應她，「妳這個症狀，可以唸藥師琉璃光如來本願經喔。」

她當下只有一個念頭，如果唸經就能治病，那這世界上要醫生做什麼？她的心裡充滿了嘲諷與批判，這個人除了可能是神經病之外，還很可能是騙錢騙色的神棍，在社群軟體裡找無知的女性下手，她才不會上這種當呢！

她客氣地說謝謝以後，沒有把唸經這件事當成一回事，還跟親近的朋友說最近遇到這個怪咖的事，當作茶餘飯後的笑話一則。

這位陌生人，每過一陣子都會留言，問她有沒有唸經？她總是回答，最近有點忙，沒有時間唸。其實心裡都是同一個聲音，「唸經會有用，要醫生幹嘛？」

有一次有機會碰面，寒暄後他又問道，「妳有唸經嗎？」她尷尬地笑著說，「沒有，我工作很忙，真的沒空唸。」沒想到他用宣揚佛法的精神不放棄地繼續說，經文的確文字多，如果妳真的沒時間，可以持咒。於是他把藥師灌頂真言（又名藥師咒）當場背給她聽。

她壓根沒有想要唸經才是真的，根本不是有沒有時間的問題。他看到她為難的表情就說，你也可以放經咒當背景音樂在工作的時候聽，雖然效果不如自己唸，但仍然有效的。「當音樂聽？」這個聽起來比較能接受，她就勉強的說，好，我會試試。不知道是不是已經聽過這本經的名字，她變得很容易在有佛經助印的地方看到這本經書，因為實在太常出現在眼前，她最後就帶了一本經書回家，但並沒有開始唸，又這樣擱著一陣子。

有一天她特別早起，她起身到書房無意間眼角餘光看到了這本被她帶回來卻又束諸高閣的經書，於是從書櫃取下，翻了翻它，看到這麼多字，又放回去。等她做完運動後，她又想到這本經，心裡一個聲音說，「唸看看啊，唸一下也不吃虧啊，萬一真的有效怎麼辦？」於是她決定把那本經書唸一遍。隔天早上，她起床運動後，想想昨天已經唸了一遍，如果沒有繼續唸，是不是就白費了？於是她又唸了第二遍。為了不讓前面唸的白費，她真的每天都唸一次，就這樣經過了幾個月，她持一次經文時間漸漸縮短，而且唸的時候很專注心無旁騖，這種品質對她來說很難得，她開始不覺得這是件苦差事。

同一段期間，她也從好朋友那學到了一種冥想，是在睡前跟自己的身體細胞說謝謝，剛開始她也覺得對身體說話很奇怪，她能理解身體每天工作很辛苦，說聲謝謝好像也是應該的，於是她開始每天睡前跟身體對話。就這樣早上運動唸經，晚上冥想的日子過了兩三個月，怪病症狀並沒有馬上消失，但在某一天她例行的跟同事說，明天我可能不會來公司，因為我又要痛了。隔天很讓人訝異的是原本週期非常準時的疼痛，這次竟然遲到了，還遲了好幾天，然後突然間她久違的月事竟然來了，而且完全不會痛！！！之後月事都很準時而且整個週期都毫無疼痛感。她超級開心，對於這個發生她無法解釋，她突然認知這就是所謂的恩典。

當你開始願意靜下來，每個人都能找到一種屬於自己，讓紊亂的腦袋平靜下來的方式，讓心重新與身體連結。這個可以好好為自己服務的方法不一定是唸經持咒，也可能是一個靜心冥想，或者瑜珈。找到一種適合的可以讓自己得到寧靜的品質的方式，身體會因為開始受到重視而感受到愛，讓細胞得到滋養與修復，進而慢慢回復到健康的狀態。

而她也發現，恩典其實無所不在。貴人與貴事會用許多不同的樣貌呈現在你身邊，在還沒有認出來的時候，也許會以為對方是騙子，但若願意敞開心先試著瞭解或做看看，才能有機會體驗到恩典的發生。

陸、愛太重——覺得不如人

1. 我是笨小孩

「你怎麼那麼笨！」、「你怎麼連這麼間單的題目也不會算？」、「我怎麼會生出這麼遲鈍的小孩？」自她有記憶以來，她從小就在類似這樣的句子中成長。

她聽到媽媽提起別人的小孩的時候，都是羨慕又讚嘆的口吻，然後轉頭看看她，就會說我家這個小孩就沒有那麼聰明。她感受到媽媽的失落，還有那近似恨鐵不成鋼的語氣。

小小的她好希望能夠滿足媽媽，讓媽媽能夠以她為榮，讓媽媽能夠拿她跟人家比較時可以驕傲的說嘴。她很難過，為什麼自己總是讓媽媽失望？她真的比別人笨嗎？她因為感受不到媽媽對她的肯定，也讓她對自己非常沒有自信。

她的成績從來都不算出色，某些科目還特別的差。從小到大，數學、理化、自然科學都沒有考好過，這些科目對她來說就像是陌生人一般。

平時動作就不算快的她，讓急性子的媽媽最後都會氣急敗壞的說，我怎麼會生出這麼遲鈍的小孩？看媽媽生氣了，她更緊張，她一緊張的時候，反應就變得更不靈活，根本惡性循環。

她放學回家很少跟媽媽分享學校發生的事，因為不管回家跟媽媽說什麼，媽媽永遠都嫌她不夠好，錯的永遠都是她。她記得國中一年級開始，漸漸地會有男生對她表達好感，會遞上表達喜歡她的紙條或信給她。她並不喜歡這些男生們，但被喜歡的感覺讓她感受到被人重視，她喜歡這樣的感覺。她難得開心的想回家分享這種感受讓媽媽知道，但當她的母親聽到有男生寫信給她之後，氣得大罵她一頓。課業不算理想加上有男生遞信，媽媽開始用一些難聽的話語去數落她。當時的她真的不明白，功課不夠好不是她的錯，為什麼有人欣賞她，媽媽卻不替她開心？她心裡想著，書讀得不好又不是世界末日。

因為國中的成績不夠優秀，她沒有考取一般升學高中，她去讀了技職的專科學校。她在讀專科的時候非常著迷星期六深夜時段的外國影集，還有廣播中有外國主持人的節目、英語流行排行榜上的歌曲。她漸漸發現，她很會模仿聲調，女演員說話的腔調或者是女明星的唱腔。一開始是出自於好玩有趣，但有次上英文課的時候，當時的老師是個留學回來的年輕女性，她告訴大家，可以對著鏡子練習把課文朗讀出來，能幫助大家把英語說得流利。她開始回家對著鏡子練習朗讀，她發現她可以像鸚鵡一樣，可以用各種語調來朗讀課文，她對自己開始有了一點點的信心，然後告訴媽媽她想去外面的補習班學英文。媽媽同意了，她好開心！

她去當時極為盛名的英語補習班上課，那裡的老師清一色都是外國人，讓她滿足了可以表現她的英語腔調的渴望，她順利的考試進階，就像個優等生。在這裡她完全感受不到自己很笨又很遲鈍，她非常的開心。

畢業後，她進入當年在台灣算是非常大的貿易公司工作，公司裡有幾百個員工來自世界不同國家，因此，每個同事都能在隨口說出來的中文句子夾雜著她聽不懂的英文名詞，原來那些都是商用英文用語以及產品的名稱，她第一次覺得她的英文好弱。有一天午餐時間，一個德國分公司的業務來找她的主管，但主管不在座位上，這位德籍業務用英文問了一句「妳的主管去哪了？」她竟然因為太突如其來的問句，完全說不出半句話，那個業務搖搖頭說了兩句她聽不懂的話就離開了。

那種久違的感覺，自己很糟糕的熟悉感突然冒上來，她非常的難過與沮喪。這間公司裡滿滿的大學生還有幾個當年算稀有的碩士生，而她只有專科畢業的學歷。原來，那些覺得自己不夠好、很糟糕的聲音與感受從來都沒有離開過她，這種無名的自卑感她一點也不陌生。

她曾經很憤怒也無法釋懷媽媽曾對她所說的那些話，但在一次又一次療癒自己的過程中，她逐漸能理解當年的母親了。那個因為認為自己學歷不夠高才會吃苦的女人，總覺得自己命運很乖舛的女人，把她無法宣洩的情緒轉移到她年幼的女兒身上，內心卻又擔心女兒將來長大會因為學歷不夠高走向跟她一樣吃苦的路上。

她終於明白並不是她不夠好，只是因為沒有在對的舞臺上發揮所長。如今的她，雖然沒有亮眼的高學歷，仍能與世界各地的客人用英文做生意或者跟朋友們開心聊天。

至於她的媽媽，早就不記得當年曾說過的那些讓她傷心將近半世紀的話，還說當年的她十分乖巧懂事，真的不知道是誰的記憶有問題，但這一點也不重要了。

2.每個人都比我強──自卑像一條隱形的繩索捆綁著她

她的內在有一種強烈的自卑感，總是覺得身邊的人都比她聰明優秀。這種自卑感，像一條隱形的繩索，緊緊地捆綁著她，有時緊到讓她無法喘息。

從她的外表看起來，一點也嗅不到這所謂的強烈自卑感模樣。認識她的人們都認為她是個堅毅的女強人，她一肩承擔起所有的家庭責任還包括了一間公司。

每當她的內在升起了這股強烈的自卑感，她總想起了小時候，那個寫數學作業想破頭卻怎麼也解不了題的自己；那個怎麼練鋼琴都無法彈得比樓上綁辮子的姐姐流暢悅耳的自己；那個整個暑假別人都在打工而她卻都在重修會計學、微積分、經濟學的自己；那個大學插班考試只差了零點幾分就上榜的自己；那個讓媽媽總是抱怨她腦袋不夠靈活的自己。

求學時，她羨慕著班上成績優異的同學，不用像她一樣費力才能偶爾擠進前十名；樓上彈起鋼琴行雲流水的鄰居，不像她老是斷斷續續拼奏出一段樂曲；出了社會後，她開始羨慕起工作表現比她出色的同事；甚至是創業後，她也沒有停止羨慕著比她的公司經營得更為卓越的企業主；更別說是別人擁有更貼心或更優秀的伴侶。

這樣的感覺一點也不陌生，從小到大如影隨形。她的笨拙，讓她一直感受到自己不如人，與團體格格不入，她非常的受苦於這樣的感受。這種自卑感，像是一個在身後對著她嘲諷的怪獸，不停地對著她說著，「你怎麼這麼笨？」

這麼多年她不斷地想要掙脫這個怪獸，為了不讓自己看起來很笨，她不停的努力學習各種知識與技能，為了不落後人後。但很多時候她並不享受這樣的學習，因為動機並不是想要學習，而是害怕落後。這樣追逐的日子她過得好疲累，但她從不知道她可以不用這樣費力。

「每個人都有每個人的天賦。」比較是永遠比較不完的，好比她的塔羅老師孤帆上課時提到的奧修塔羅禪卡上的那張牌，竹子與橡樹都有其功用，沒有誰比誰優秀，也無須與他人做比較。

雖然她不擅長於數學，但她讀起國文跟英文非常輕鬆，她忘了她總喜歡在國文課本空白處寫上幾句短詩訴說著自己當下的情懷，投稿刊物還曾獲刊與拿到稿費；或者拿著英文課本對著鏡子能輕鬆學著英國或美國腔調念課文；她雖然彈琴不像演奏家，但卻忘了她會哼哼唱唱的用簡譜的方式作曲作詞的娛樂自己；她雖然沒有被選上鼓隊，卻忘了自己曾經是樂隊的一員在升旗典禮時吹奏國歌。她忘了那些曾讓她快樂的事，卻習慣性地牢牢記得那些困住她無法施展、感覺失敗、不如人的事，讓自己被這些不愉快的感受綑綁著。

原來自己都在追求一種叫做「成功」的東西。

她相信只要我成功了，大家都會喜歡我，這個大家的源頭是她的父母。她忘了那些曾經在這些過程中讓她開心的事。

這麼多年以後，經由慶玲老師的引薦，她有了一個機會，在漢聲廣播電台做了兩年廣播節目受訪者，用台語分享她在身心靈的學習與看見。如果是追求成功的她*，可能會想著誰會想要聽一個不是科班出身，台語很不流利、在社會上也不是什麼有名氣的人的講的節目內容呢？但當她明白此時此刻無須追求那個成名或成功的頭銜，只要好好體驗這個願意付出的自己，那麼一定會有人喜歡她分享的內容而關注這個節目的。即便沒有，她也願意為每一次的節目做足準備與努力。

第一次進錄音室見到主持人的時候她既緊張又開心，她想起了小時候愛講話的事，她分享了愛講話的過往給主持人，她笑著說原來愛講話的自己放在課堂裡是件讓老師跟媽媽頭痛的事，但現在這個愛講話的自己，卻讓她有機會在廣播節目中可以侃侃而談。

以往的她，很常做著既不擅長又不喜歡的事，卻希望能在這件事上得到成

---

* 體驗付出還是追求成功？來自王慶玲老師的教導。

就，即便真的得到成就，卻不享受這個過程，就會感到十分痛苦。每個人都會有做起來不太在行的事情，但也會有做起來感覺特別得心應手的事。然而在行的事，也極有可能在第一次做的時候是不太順利的，但卻能因為感到有興趣而靠慢慢學習、練習來強化這個技能。

如果願意敞開自己去多多體驗，會發現原來還有一個不認識的自己，好擅長做某一些事。還能因為這件事發展出一條新的生命道途，成為熱愛生命的那個自己，就像現在的她樂於學習，不再是因為要比人強，而是真正為自己渴望的事多下工夫去進修。

3.不再青春怎麼辦——內在改變才能認出愛

在她小時候常聽叔伯阿姨稱讚她長得可愛或漂亮，長大可以去選中國小姐。讀書的時候也不乏塞紙條送情書表達愛慕之情的男生。妳算是個「中等美女」，這是她讀書的時候曾經流行過的一首國語流行曲，當時的男友曾這樣對她說。

她交往過幾個對象，在求學階段的時候的她，對感情的態度其實並不成熟，學校或家人也沒有教過她要如何去選擇一個適合自己的對象，她總是憑藉著感覺行事。當感覺來的時候，那就交往看看吧，如果感覺不在了，那就分手再換一個試看看吧。這是她求學階段處理感情的態度。

二十歲的她，是窈窕淑女君子好逑的對象，她對自己是有那麼一些恃寵而驕的把握的。她常常對男生說，「你想要追我，請排隊，號碼牌應該已經抽到忠孝東路四段繞一圈了。」即便是她後來結了婚，生了孩子，偶爾在生意場上或是其他社交場合，都難免還是會有一些男士會對她獻殷勤，這些讚美讓她感覺到自己仍然是非常有價值的女性。

後來她的婚姻以離婚收場，她恢復單身後，從新的生活圈慢慢地認識結交了一些新的朋友，也遇到了她喜歡的對象，這些對象都是比她年輕許多的男人，這些關係後來也都無疾而終。

之後，她與現在的伴侶交往，她知道他曾交往過的女性都是年輕女孩，而且他很受女性朋友們的喜愛。那個時候的她對自己非常沒有自信，深信這個對象也很可能會因為另一個年輕女孩離她而去。於是她把確認交往關係當成招募員工一樣，對伴侶說，我們先交往三個月看看，如果覺得彼此合適，我們再繼續交往下去。

為了這個沒有自信與不安全感，她吃足了苦頭。她會對於伴侶仍跟前任保持著朋友關係而醋勁大發，也會因為伴侶的工作性質常跟女性客人聊得開心而生氣，讓在這段關係裡的另一半，常常要安撫她的情緒。

幾年過去了，她仍然與伴侶持續交往著，並沒有因為任何一個年輕女孩而分開。因為，在一次情緒崩壞當中，她的伴侶對她說了一段感動她至深的話，「無論妳以後變得如何，我都還是一樣的愛妳，因為我愛的不是妳的外表而是妳的心。外表人人都會變，那一點也不重要。」這段話彷彿是垂墜到谷底的繩索，讓她從那個沒有自信及沒有安全感的無底深淵得以走出來。

是啊，人生每一個階段都有每一個階段的美好，她並不是因為年紀大了才失去了那段關係。真正的關係並不是建立在外在條件有多美好，而是兩個人相處起來的品質與給予彼此的愛。

她後來仔細回顧這一些鎩羽而歸的感情，她早就在每一段感情一開始進行的時候就為它做了一個結論，那就是「我們兩個不可能有結果。」

原來每一件事都在一開始的時候就已經能看得到結果，因為我們內在世界會對每一件事都有一個見解與判斷，這整件事情也不過就是朝她所想要的結局發展，一點也不意外。她明白了這個宇宙的秘密，也就是大家所追求的心想事成。她相信了這段關係肯定不會有結果，於是她從來沒有真正為這一段關係做任何能讓它持續的努力。某些情況下更能斷言的說，她早就已經在心裡想要跟這個對象分手許多次了而不自知。

以前的她，都會把手指頭指向別人，會分手都是因為對方不夠好，或者是對方有二心，換下一個，結果就會不一樣。她不知道，如果自己的內在狀態沒有改變，換誰都是一樣，不會有讓她滿意的結果。

現在她知道了這個秘密，唯有自己的內在狀態有所改變，才能認出愛。她想起了過往曾經交往過的對象，包含前夫，她就會默默的為對方送上祝福，謝謝對方曾經帶給她許多快樂的片段，陪伴她度過許多低潮的時光。不再是那些讓她覺得自己很糟糕，不再年輕、或者是隨時會被取代的不安全感。

生命總是帶給我們禮物、送給我們最棒的祝福。透由一次次讓我們感到不舒服的發生，讓我們有機會更認識、瞭解自己，才能更從容地與這個自己相處，甚至是有機會愛上了這個自己。接著，不會再強求要誰能多愛我們一點，而是每一個片刻都能給自己多一些愛，多給自己一些支持與鼓勵，最後我們都能成為自己真正的好朋友。

柒、學習愛——靈性啟蒙

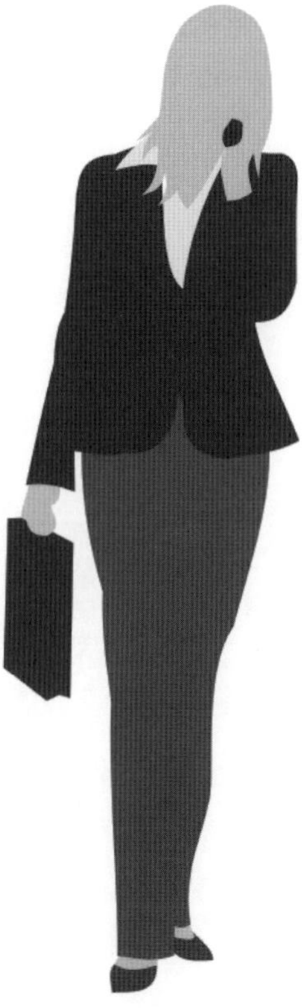

1. 陷入泥沼

她在人生順風順水、風平浪靜的時候，不曾想要去更進一步認識自己。

在她的生命旅程還沒有發生那些讓她痛苦到無法解決的事情之前，她從不知道什麼是身心靈學習，誤以為那是一種宗教，或者是一些特定作者寫的書。她也從沒想過有一天會去做婚姻諮商，諮商給她的刻板印象就是電影裡有一個人躺在沙發上講著困擾自己的事，然後諮商師聽他說並給予建議。

以往她遇到了困難，都是靠自己的頭腦想方法與用意志力度過難關，但當她的婚姻陷入了泥沼，這兩種慣用的方式卻不管用。在那個時候，她感覺到她的心彷彿破了一個好大的洞，一直在淌著血，她不知如何是好，求救無門，只能像個旁觀者般徬徨無助地站在旁邊看著那個破洞。

在這個時間點，彷彿是上天的安排，讓她認識了此生的莫逆。這位比她年輕的女子，竟然有長期的身心靈自我探索底蘊，她的老師恰巧是一位資深的婚姻諮商師。當時，她實在沒有其他更好的方法能解決她生命中這個彷彿是無藥可醫的痛苦，在莫逆的推薦下，她前往了這位婚姻諮商師的住所，展開了她的身心靈探索旅程。

踏入了婚姻諮商師的住所，她娓娓道來發生的一切，在為期幾次的諮商過程中，諮商師給了她許多方法去釋放那股積壓在心中的痛苦。當時的她並不很明白為什麼要做這些事情，但還是照做了。她以為婚姻諮商如同像感冒了去看醫生一樣，看完醫生拿幾天的藥吃一吃，感冒就會好了。但諮商幾次過後，她的痛苦仍然頑強的在原地不動，絲毫沒有變少，她開始害怕這種痛苦一輩子都會跟著她，她的人生還好漫長，她也不知道要怎麼去面對她的先生。

有一次，諮商師請她回家念「對不起，請原諒我，謝謝你，我愛你」。※

她困惑地問諮商師說，為什麼是我要說這句話？該說這句話的人是他！她的心中充滿了怨恨與憤怒，是他讓她深陷在痛苦中，現在卻要跟他說對不起？還要說我愛你？她忿忿的說：「我現在只有恨，沒有愛！抱歉，這句話我說不出來！」

諮商師對她說，「這四句話是對他的靈魂說的。」諮商師這麼解釋，她好像有點能接受了，雖然她對靈魂沒甚麼概念。她回家開始念著這四句話，彷彿持經咒般，希望念完能減輕她的痛苦，也能修復她與先生的關係。

※ 這四句話來自《零極限》這本書。

有一天晚上，她夢到先生有了另一個喜歡的對象，她在夢裡哭得非常厲害，醒來的時候還淚流滿面。現實狀況是她真的哭得很大聲把旁邊的先生吵醒了，她對先生說她做了惡夢，描述著夢裡的經過，哭訴這個夢讓她感覺好崩潰。她內心渴望著的是，先生能夠在此時此刻好好的安撫她，跟她說那只是作夢，並不是真的。但當時先生並沒有安慰她，反而對她說，妳不是常常在唸那四句話，唸了那麼久怎麼沒有效？這個惡夢讓她哭醒，也明白想要挽回婚姻關係，只靠她單方面一個人的努力是完全沒有效的，她不要把自己毀在這個已經感受不到愛的婚姻裡。

現在回想起來，她去做婚姻諮商對當時的她是有幫助的，只是當時的她不明白，想要挽回這段婚姻關係，諮商完應該是要真正敞開心與她的先生好好的溝通，到底是發生了什麼問題讓這段婚姻走到現在這個地步？若兩個人還有意願想要繼續這段關係，彼此還能做些甚麼或改變來為這段感情努力。

這讓她受苦的發生，她也明白她讓自己演出一場「我是受害者」的戲碼，心裡只有想著你讓我痛苦，你也別想過好日子，時時刻刻都想著要報復，只想指責對方犯了錯。去諮商只為了想讓自己好過，卻沒有想過要為兩個人的關係做更進一步的努力，也沒有想過當時的先生可能也需要被協助。

因為自己後來開始協助他人做個案引導，也明白了唯有願意敞開心與放下頭腦的習慣性思考模式，才有辦法真正看到自己想方設法想要解決的問題的真相。因為問題從來都不在對方身上，而是在自己身上。

2. 渴望改變

妳認識妳自己嗎？

在某一堂課程中，她被問了這樣的問題。

她睜大著眼睛，她心想這是什麼蠢問題，我當然認識我自己，我活了幾十年還不認識我自己那才奇怪呢！

妳真的認識妳自己嗎?我指的不是妳叫什麼名字,或者妳在哪上班,妳的職稱是什麼,是妳真的認識妳這個人嗎?課堂中的老師再次的問著。

她開始沉默了。她從來沒有想過這個問題,她對自己的認識,都是外在的事物與稱謂所堆疊建構的,她是某對夫妻的孩子、某個孩子的媽媽、某個公司的老闆,卸下這些稱謂,那她究竟是誰呢?

妳真的認識妳自己嗎?

她再接著講出她喜歡什麼、不喜歡什麼,自己是什麼樣的脾氣跟嗜好。

妳確定這就是妳?

她突然覺得腦袋嗡嗡作響著。頓時,她停住了。她彷彿對自己一無所知。

她一直認為,自己就是從鏡子裡映照出來的這個人。她並不知道,這個鏡子裡的人不完全代表她的一切。

這個大問哉，讓她發現，原來她的身體裡面還有一個「她」，而她卻從來沒有正視過這個跟她最親密的人。長久以來，她所做的決定都是由頭腦評斷，什麼是對她最好、最有利的，或者是最符合大家期待的，從來都不是什麼是對她而言最舒服的、最開心的。

她從小到大一直努力著的是，順從爸媽的心意以為這樣就能讓父母能開心、在工作上盡力表現自己就能讓老闆能開心、在十數年的婚姻關係裡委屈求全就能讓另一半開心。她用很多的不開心，去成全別人的開心，她天真的以為大家都開心了，她就會開心。

她把所有人的需求都擺在自己的需求前面，任何人的開心都比她自己的開心更重要，當身邊的人不開心的時候，她還要想辦法讓對方能開心起來。察覺到她的開心模式的這一刻，她頓時覺得人生好累。

她徹底誤解了開心的定義，她曾用為自己買一個禮物、安排一頓美食，或一趟旅遊來犒賞自己，讓自己得到開心。在經驗這些犒賞自己的行為時，她的確感到開心，但這種開心非常短暫，接下來她又覺得很空虛與無助，還有因為「製造開心」所產生的帳單。

她恍然大悟，原來這世界上最珍貴且無價的是，讓自己能真正的開心。當一個人能真正的感到開心的時候，身邊的人也會自然而然的開心。

這個發現，讓她開始想要深入探索那個最親密的自己。她開始閱讀很多身心靈的書籍，這些書的內容大多是作者本人所經歷過的心得，她一股腦地套用在自己身上，但充其量是「知其然而不知其所以然」的使用著書本裡的知識。同時，她也積極參加很多公益型的工作坊。然而，書籍與公益的工作坊，對起初探索自己的她非常有幫助，但也逐漸的無法滿足她對想要更深入自己的需求。

有一天，在網路書店頁面上，跳出了一本書名為《相信愛情、相信自己》的推播廣告，她盯著電腦螢幕看著書名，直覺這是目前的她需要的。是的，她想要在再次相信愛情，也想要相信自己值得再擁有愛情。收到書之後，她除了開始拜讀這本書之外，也開始追蹤作者王慶玲老師的臉書，進而得知了慶玲老師的見面會。她沒有崇拜偶像的習慣，但她對這位能寫出深入內心文字的作者非常的好奇，於是她鼓起勇氣帶著這本書去參加見面會。

在見面會的活動上，她得知王慶玲老師除了是出版書的作者之外，還有帶領工作坊的課程教學。於是她主動報名了一堂名為「型塑實現新版藍圖」的課程，真正踏上了這一條深入探索自己的旅程。

她知道自己渴望改變。

更精準的說，她想要更靠近自己、渴望成長與蛻變。她想要把過去的自己好好善終，擁有力量去迎接未來，她要跳脫在同一個循環裡面打轉的模式。

她至今印象仍然非常深刻，上這堂課的第一天，慶玲老師問，你們想要從這堂課得到什麼？她大聲地回答「豐盛」。沒想到老師的回答讓她好震驚，老師拿著麥克風定定地看著她回應，「當妳說要豐盛的時候，妳就不在豐盛裡，因為妳沒有，妳才會說妳要。」第一句話就顛覆了她所認識的世界。

她一直以來所認知的世界，其實就像馬匹被遮住眼睛的兩旁，只能看到的就只有眼前的這個範圍，而這匹馬卻以為這是世界的全貌。這堂課程中的她，彷彿是被掀開眼罩的那匹馬，赫然發現這世界不僅僅只有直視的眼前，還有左右兩邊無限延伸的景色，甚至抬頭就能看到藍天白雲飛鳥，低頭有綠色草皮與各式花朵，多麼繽紛與多采多姿。

3.療癒自己也想給出愛

她從來沒有想過自己會有這樣的念頭，她渴望協助與她有一樣經歷的人重新拾回對自己的愛。

在生命的前幾十年，她知道她的心裡有許多痛苦，但沒有想過要去認識痛苦，也不知道如何去認識痛苦。於是她做了許多感覺上是能讓自己舒服、快樂的事，好讓自己能夠逃離痛苦、掩蓋痛苦。她用上館子吃一頓好的、瘋狂地把這一季新推出的衣服各種顏色都買一套回家、讓自己出門玩一趟，來讓自己感受到快樂與自我價值的肯定。但這些事情做完後，她的痛苦卻如如不動，完全沒有消滅，也無處可躲藏。

因為經歷了身體與心理上的苦，她試著閱讀大量的書籍，想要從書中學習他人離苦得樂的捷徑、密技。但是，這些沒有被引導與內化過的文字充其量等同於工具書給予她知識，卻沒辦法讓她深入與活用，到底如何能重拾回對自己的愛與對生命的熱情。

在一次一堂為期五天的療癒師課程中，老師一次又一次引導學員們深入每一個痛苦，每一次的引導都讓她直視那個痛苦。她從來沒有想過課程是這樣的，因為一般的課程都是給予知識性的內容，而非直接進入那個痛苦。

每一個痛苦，都來自於一個過不去的檻，每一個過不去的檻，都來自於一個自己暗自下的決定。

她原以為的痛苦是別人諸加在她身上的，錯誤都是別人造成的。她也曾痛恨那些讓她痛苦不堪的人們，想盡辦法要讓這些讓她痛苦的人也感到痛苦。但可笑的是，當真的讓別人感到痛苦了，自己卻沒有因為這樣而得到快樂，反而更痛苦。

她看見了自己其實根本不相信愛。因為那些曾經最愛她、最值得她信任的人，卻一個個用不同方式深深的傷害了她。如果，連自己最信任的人都會傷害自己，那我還能相信誰？她無助的哭泣與吶喊著。

於是，「我只能相信我自己」成為了她心中的鐵律，就這樣度過了幾十年。

在這個療癒的課程中她體驗到了「愛」的存在。這個愛，不是電影裡說的我愛你，而是一種從痛苦中看到真相而誕生的愛。雖然至今，想到那些曾經傷害自己的人，那些痛楚仍然存在，但她學會了疼惜那個受傷的自己與這個還在疼痛的自己好好共存。

她明白了，那些讓她覺得背叛她的人們，都有一刻是深深愛著她的。她緊抓著那些她認為是不愛了的證據，卻沒看到那些曾經愛著的過程。她以為都是對方嫌棄她，其實真相是這一切都是自己害怕給出愛與承諾的發生。

她一直認為痛苦是別人給的，但事實上卻是因為自己無法去經驗這個發生。她突然懂了的笑了起來，是因為她無法經驗的事太多了，所有與她的價值觀不同的事，她都無法經驗或者是選擇根本不想去經驗。

她總是用快點離職或是快點分手，來切斷關係，逃離經驗這一切。

發現了這件事之後，她的人生瞬間輕盈了很多。痛苦仍然在，但對她來說沒有以往那麼糾結，反而能從這些仍然能感受到痛苦的事中看到了對方值得自己獻上感謝的地方。

如果沒有這些痛苦，我一定不是現在的自己，但我挺喜歡現在的這個自己啊，她心裡暗自的說著。現在的她仍走在療癒自己的道途上，而且越來越能與這個自己相處。

每個人都希望身邊的人能被改變，來符合我們的需求，無論是父母、手足、伴侶、孩子，或者是在工作上的同事們。但真的唯一能改變的是，我們看待這些人事物的觀點，若我們一直用舊的觀點來看事情，絕對得不到新的答案或是想要的結果。

如果，自己也能協助別人明白「原來痛苦從不是來自於他人」，這是多麼珍貴的生命禮物啊！

她開始成為一個身心靈輔導工作者，協助許多人從痛苦中找到真相，重新回到愛中。

透過引導，能看到事件的真相，重新感受到自己是深深的被愛著而感動。許多個案回饋她，當看到事件中的真相後，發現問題都不是來自於他人，他們開始與伴侶、父母、家人、手足或孩子的關係慢慢變得自然與融洽。

如果不是當年的痛苦，今天的她沒有機會能成為一位愛的引導師。痛苦是她生命成長的養分，經過了這段自我探尋的旅程，她真心愛上了這個自己。

捌、接受愛——重生

1.失敗

在學校裡求學，會有老師帶領。出了學校進入社會，會有在那個領域裡資深的人指引。或者，也可以付費進修深入一門學問。

但，伴侶關係呢?沒有誰或者是一門課程帶領、指引過她，感情這條路究竟

要如何走才能上手。於是她用從眼睛看到的、心裡感受到的、模仿來的，來應對伴侶關係。

她理想中愛的樣貌是風和日麗、歲月靜好，她愛著的人也深愛著她，猶如電影情節般的浪漫，公主王子從此過著幸福快樂的生活。她模仿母親與父親的相處模式，或讀過的言情小說、還有從看過的戲劇跟電影學習如何去愛。

她經驗過的愛情，有些是讓她在一段關係全然地付出卻沒有了自己，有些是她太害怕受傷於是保留太多自己。這些經驗，讓她跌跌撞撞、傷痕累累，覺得自己非常失敗。她曾因為不知所措而大聲咆嘯，或無助地暗自啜泣，到最後哀怨的下斷語，這個世界沒有人真的愛我，上天對她太不公平。

說穿了，她只是不知道該如何去愛一個伴侶。

她就像在做實驗，不同的對象但流程雷同，關係還是無疾而終。只要實驗結果不如預期，她會自動宣告這個實驗失敗，然後嘗試下一個實驗。進入婚姻的時候，她以為這次的實驗終於成功了。多年後她選擇離開婚姻，卻讓她感受到更巨大的失敗感襲擊。

在心碎之餘她問自己，難道不管我怎麼付出，我都得不到我想要的愛的關係嗎？我還有愛人的能力嗎？

她也發現身邊的朋友們，有些人跟她有雷同的狀況。更換了交往的對象，兩人之間發生的問題卻仍然與之前所產生的問題如出一轍。

這個發現引發了她一個新的思考方向，「如果，我仍想要擁有一段伴侶關係，我要如何才能得到我渴望的愛的品質？」

這時的她，已經開始接觸了身心靈的課程，從課程中她才豁然地明白，其實她並不是沒有得到過對方的愛，而是她總是希望對方用「她理想中的愛的模式」來回應她。

一旦對方沒有依她想要得到的模式或方法來回應她，她會立刻下斷語解讀對方不瞭解她的需求、不重視她的感受，甚至根本不夠愛她。

每一次感受到不受重視或失落，她都沒有把真實的感受告訴伴侶，而是選擇把這些感受與情緒隱藏起來。因為，她不想被對方認為自己是不可理喻的女人，或者是，不想成為母親的模樣。

印象中的母親，會為了許多當時她無法理解的事跟父親吵架，或者是冷戰很多天。小時候的她很害怕父母吵架的時候家裡凝重的氣氛。於是她暗自決定，我長大絕對不要像媽媽這樣容易生氣，家裡才不會有這種不舒服的氣氛。結果是，她比媽媽更會冷戰，青出於藍更勝於藍，她可以跟前夫冷戰不語一兩年，還為此沾沾自喜自己有一番好功夫。

在慶玲老師帶領的身心靈的課程，在一場活動裡，讓她瞭解到原來每一個人的思考認知模式其實都非常的不一樣，根本是兩個宇宙的人在對話。即便在活動當下，自己已經竭盡所能去表達想傳達的意思，但對方的思考模式跟自己完全不同，仍舊把她表達的解讀成對方所能理解的，結局就跟她要表達的相差甚遠。

更何況，當年的她，有情緒的時候選擇完全不說，讓伴侶只能大玩猜猜看遊戲。

這才讓她覺知到，當時前夫也許根本不知道她為什麼生氣，又為什麼堅決要跟他離婚。而他是真的愛她，不想為難她，所以任由她任性冷戰，也同意簽字。她也從來沒有告訴過交往的對象，她渴望的回應方式，對方不知道她的需求，當然也無法練習用「她理想中愛的回應模式」來回應她，並不代表這裡面沒有愛。

對方當下已經盡其所能地付出他的百分百，她卻無法理解這就是對方全部的愛，更別說懂得去感謝對方的付出。

在這一刻，她感受到滿滿的愛，心中的恨慢慢退下，同時也升起了滿滿的謝意。

感謝所有曾經全心全意愛過她的每一位，那些她自認為是失敗的實驗品，原來都是獨一無二的實驗過程，都是不完美卻完整的愛的體驗。

因為這些體驗，讓她能夠成為一個有故事的人，而且所有的故事都獨一無二的精彩。

2.信任

要一個曾經在愛中屢戰屢敗的人，對愛仍抱有期待不是件困難的事，但要能真正的去「信任」自己值得被愛，卻無比的艱難。

她相信自己有再次進入愛的關係的能力與勇氣，但她卻無法信任自己能夠被無條件地愛著，因為她慣用有條件式的「價值」去衡量一個人是否值得被愛。小時候，認為要功課夠好的人，才能被老師疼愛、被父母肯定；長大後，被灌輸要有一份稱頭的工作，穩定的收入，這個人才是個值得交往的好對象。

經歷了一次婚姻，她認定自己是一個條件不夠好的人。在她狹隘的認知裡，她是個離過婚帶著一個孩子的女人、她已經超過了一般男人理想交往對象的年齡、她沒有年輕女生姣好緊實的身材……等等，怎麼可能還會有人會願意真心地無條件愛她呢？這讓她更篤定了「自己毫無被愛的條件與價值」、「男人終究還是會選擇年輕女孩作為交往的對象」的想法。

在某一次身心靈的課程中，她認識了現在的伴侶。起初他就是一個共修的同學，一個生命某一個部分跟她很相像的人，他們的年紀相仿，算是個能夠信任又聊得來的朋友。在一次她心裡很難過又不知道找誰訴苦的時候，她想到了他是一個可以傾吐的對象，於是把心裡的難過告訴了這個朋友。沒想到對方專程從南部搭了高鐵來安慰她，讓她有機會進一步瞭解這個人。他是個看起來很漂泊，又帶著點藝術風格的男生，內在的特質裡有一種細膩，讓她覺得這個人是個可以試著交往看看的對象。

一個月之後她與他交往了，但她的心中仍然很害怕被選擇與被拋棄。於是，她用看似瀟灑的口吻對他說，我們先試著交往三個月看看，如果彼此不合適，那就分開別浪費彼此的時間。

在這段感情的開端，她對自己毫無信心可言，也對「承諾」這件事毫無信心。她不信任自己值得被愛，也就對另一半充滿了不信任。尤其是他曾交往過許多對象，每一個對象年紀都比她年輕許多；而且他跟她不同的地方是，他與前任們都保持友好關係，當時的她對這樣的狀態極度的沒有安全感，也認為對方很可能隨時都會離開她。

因此，只要知道他與前任們見面或聯絡，她就用內心自我摧殘與對他生氣來表達自己的不安，而伴侶為了讓她開心只好選擇與前任們保持距離。她害怕表達自己真正的需要與想法，怕說出來伴侶覺得她心眼小，但缺乏表達與溝通，對方根本不會明白她之所以生氣是對自己沒有信心與不認同自己存在的價值。

兩個人在一次的軟性對話當中，他語重心長地告訴她說，「妳要相信妳是值得被無條件的愛著」。她淚眼看著他，心裡想著，我真的值得被無條件的愛著嗎?這從來都不是她認可的生存法則，她一直認為自己要做很多，甚至做到滿出來，才可能會被愛啊。

這段對話讓她第一次鬆開了「在伴侶之間，要讓對方感覺到自己非常有價值才值得被愛的信念。」

另一個讓她鬆開信念的發生是在某一次課程中，慶玲老師放了一段影片給大家看，女主角是個略顯福態的、不算漂亮的外國女孩，她的男朋友精心安排一個盛大場面向她求婚。這女孩並不合乎普世對漂亮的定義，但向她求婚的男朋友卻長得很帥氣。如果是在電影中看到這樣的橋段，就會篤定的說這件事不會在真實世界裡發生；然而這影片裡的一切，是真人真事啊！慶玲老師拿著麥克風，聲音透過麥克風傳到她的心裡，「你要相信，妳是值得無條件的被愛著的。」

後來，她上了擴大療癒法的師訓班，這是一個能讓她感受到天地間是由一份很深的愛與慈悲連結著的一個能量法門。她個人非常熱愛這個法門，因此這幾年來不斷的開課分享這個非常慈悲的擴大療癒法。在師訓課程中，她感受到自己是被這宇宙天地萬有所深深愛著的，還有這世界上所有曾經與她相遇、相愛甚至逆緣的每一個人，所深深的愛著。

「嘿！妳不需要很厲害才會被愛，妳生來就是被無條件的深愛著的，不同的人用不同的方式表達，妳認出來了嗎？」她聽到她的心裡有個小小的聲音對她這麼說。

真相是，每一個曾出現在她生命中的人，在某一刻都是無條件的愛著她，圓滿了當時的那一段關係後才離開。她會心一笑的向曾經給過她無條件的愛的每一位貴人，獻上最深的感謝與祝福，這些因緣成就了現在的這個自己。

3. 活出愛的樣貌

他是她的伴侶，也是她的人生修練的好夥伴。

她曾以為是自己拯救了陷落苦境的他，卻沒想到同時也被他所拯救。這宇宙如此奧妙，很多人事物必須相遇也註定要相遇，為的是成就彼此。

認識他的時候，她正陷入另一個人生的迷失中。在一場義賣活動中，他擔任活動中的塔羅占卜師，她向他請益了一個問題。從牌面的涵義上看來，這是另一段無疾而終的故事。

她不認輸的個性讓她脫口而出，這牌不準啦。

對方笑著說，不然我們來看看如果算我們兩個人的關係。

你跟我？我們就是朋友，有什麼好算的呢？

他洗了洗牌，抽了幾張牌，最後一張牌掀開來，出現了一張「友誼」。

她哈哈大笑起來，這次有準，我們本來就是朋友，所以翻到友誼是正常的啊！

他說，任何一段關係，都是從友誼開始發展的。

他們的確從友誼開始，兩人無話不說。他聽著她的過往，那些傷痛與不堪，靜靜地聽著也陪伴著；她聽著他曾經的愛與荒唐，對她而言彷彿是電影般的情節，從來沒有想過這世界上有一個人是這樣的活著。

他與她，來自南與北，也來自截然不同的世界。生活習慣的差異，價值觀的不同，思考邏輯一個直線一個迂迴，一個快節奏另一個想很多。這些差異性一開始並沒有影響到她與他決定要交往，但卻是後來讓他們之間常常有衝突的起因。

她是一個凡事都先為別人想的人。絕大部分的時候，她都是先以別人的需求與想法做為考量，滿足別人的需求讓她感到有存在感與滿足。但是這個模式，卻常常讓伴侶忍不住要提高聲量對她說「妳可以表達妳真實的想法嗎？」、「妳可以先滿足自己最想要做的事嗎？」

這讓她很不知所措，因為她只懂得先滿足別人再滿足自己。滿足爸媽要出門，委託自己帶弟弟；滿足前男友的要求，所以變得溫良恭儉讓；滿足前夫的渴望，所以結婚生子。

除了成就別人，究竟什麼事是自己真心渴望想要的呢？此刻的她，真的很渴望活出真實的自己，可以生氣卻不怕沒人愛，可以不顧一切先滿足自己不在意被冠上自私之名。

他有著讓她非常羨慕的人格特質，他是一個可以直接表達他的想法的人；對於他所熱愛的事物，他可以著迷得像傳教士一般滔滔不絕的分享，對於讓他不開心的人事物，他也可以很直接的跟對方說出真實的感受。

他勇於表達自己的想法，不在意別人究竟會不會因此不喜歡他，而她不是。每當兩個人的意見相左，他總是勇於說出自己真實的感受，而她卻像是難產的孕婦般，要經過一番折騰才能把真實的感受慢慢地表達。在這說出真實感受的過程中，還是心跳加速緊張到不能呼吸，而且，她的腦袋中會有個聲音，既然我這麼糟、這麼不適合你，那我們就分手好了。你可以去找一個更棒的、更適合你的，可以快問快答，能符合你想要的人。

但她很快地又會發現自己又陷入過往的模式中。下一秒她問自己，「這真的是你想要的結局嗎？如果不是，那什麼才是你真的渴望的呢？」她渴望回到愛中，那要怎麼做才能讓自己回到愛中呢？當她一問一答的時候，其實已經有答案，她知道該怎麼做了。

放軟身段不是因為承認自己輸了，而是因為她選擇去愛。因為愛，她決定用有溫度的回應去解決這個問題，而不是過往的冷戰模式或放棄模式。

回想過往，她其實有很多機會能讓當時發生的一切有更好的發展，但她習慣性模式是選擇放棄或毀滅。不適合的就換一個重新來過，甚至還曾為這樣灑脫的自己感到沾沾自喜，引以為傲。

在這一路愛的學習過程中，無論是在課程中的教導，還是在生活中與伴侶實修的磨練，都在告訴她，一切都操之在己。妳的念頭決定了你的關係品質，妳的選擇也就讓結果如妳所願而產生。

一次又一次的衝突後，冷靜下來都能讓她察覺到這裡面有愛，然後她會選擇柔軟以對。當她發現自己有選擇權，而非隨著對方的情緒舞動時，她開始選擇退離這個戰場一吋遠，觀看到的是對方有一顆受傷的心正在啜泣著，他渴望被呵護與看見。如果我選擇愛，我可以為這顆受傷的心做些什麼呢？我願意付出什麼行動呢？

「如果我選擇愛，我願意柔軟，釋出我的善意，給予時間等待回應，即便對方此時仍然在情緒中。」她說。

玖、等差愛——相處之道

1.兩隻貓

她從小就很渴望有一個可以陪她的玩伴。

她很小的時候就獨自一個人睡覺，當她感覺很害怕的時候，她會把所有的玩偶排放在在她的兩邊，像是保護她睡覺的保鑣。

讀小學的過程中，她曾經養過兔子，但兔子長得很快，都市家中容納不下飛快長大的兔子，父母就把牠們帶到鄉下老家去放養，不久就聽到兔子死亡的消息，她覺得很難過，從此沒有再提起過想要養寵物的念頭。

當她稚齡的兒子蹲在寵物店門口指著店裡的小狗說，我想要養小狗。她卻因為當時忙於工作，對兒子說「狗狗跟你只能養一個」，她完全忘了當年自己養兔子的興奮與樂趣。

兒子後來陸續養了不需要太大費周章照料的寵物，譬如烏龜，還有後來流行一陣子的寄居蟹，最後都因為照顧不周而死亡。

一轉眼，兒子已經長大到了完全不需要她的階段，家裡常常只有她一個人在。她開始渴望養寵物來陪伴她。她問兒子，你以前想要養狗，現在我們來養一隻好嗎？這時候的兒子反而非常理性的說，「動物到我的手上都養不活，算了。」

她的朋友中，養貓的人比養狗的人多，她考慮到貓不需要每天帶出去遛，對於住在都市、上班時間很長又不固定的她，其實比養狗更為合適。她開始把心思寄託在貓的中途介紹上，認養了第一隻三花貓姐姐。姐姐是個乖巧又愛乾淨的孩子，不會亂抓傢俱也不會亂跑而打翻東西，讓她覺得養貓實在太容易了。這樣過了一年之後，她決定幫姐姐找個伴，因為她認為姐姐總是一個人在家太孤單了。

因緣際會之下，她看到了社群軟體上有人放了一隻大眼乳牛貓的照片，她覺得這隻貓看起來好可愛又好聰明的樣子，於是跟中途媽媽連絡帶來試養，因為畢竟家裡已經有一隻貓姐姐，也要兩隻貓能合拍才行。

對於貓的個性她實在不夠瞭解，在試養的過程中，三花姐姐非常不開心，在大眼乳牛弟弟帶回家的第一天半夜就尿尿在她睡覺的床上，擺明不喜歡不速之客，讓她動了把大眼乳牛弟弟送回去還給中途媽媽的念頭。不知道是大眼乳牛弟弟太聰明還是動物的本能，有一天這小傢夥跑到她房間跳上她的床，在她的身旁躺下來撒嬌，她又氣又好笑的說，你真是聰明的孩子，如果把你留下來，你要乖乖的喔。

大眼乳牛弟弟非常會適應新環境，很快地就融入這個家庭，得到大家的喜愛。她不希望三花姐姐覺得自己被冷落或是覺得遭到不公平的對待，於是對三花姐姐特別的呵護與在意，然而她也發現，無論自己對三花姐姐如何優先考量與對待，姐姐永遠都是擺著一副遠觀你們比較愛弟弟的狀態，只要弟弟一出現，她就立刻跳開大家的身邊，像是一種無形的抗議。反之，當她抱著姐姐時，大眼弟弟無論在哪也都會突然跑出來討摸。

她突然從照顧這兩隻貓的過程中，意識到自己與父母還有手足之間的微妙關係。

她一直覺得父母很偏心，只把注意力放在弟弟們的身上，而完全沒有顧慮到她的感受。也因為如此，她任性的決定，未來自己當父母的時候，她只要生一個孩子，這樣就沒有所謂偏心的問題出現。也因為她後來真的只生一個孩子，完全沒有機會去體驗要處理兩個孩子的相處磨合過程。

她想起當年的父母，忙碌著生活中的各種狀況，他們也許無能為力去處理第一個孩子面臨著接二連三的手足出世後所產生的感受，也或許他們已經竭盡所能的去讓第一個孩子感受到仍然被愛。傳統的父母，常常用你是老大要讓給弟弟妹妹們這種思維去調解孩子們之間的紛爭。

原來，這感覺到偏心的感受，不僅僅會在人類手足間產生，連貓咪之間都會感受到。

她的父母當年很可能已經想盡辦法讓自己感受到即便有了弟弟們，她仍然是他們心中非常疼愛的孩子。但是當下的自己只看到父母陪伴弟弟們的樣子，完全忽略了父母其實也有把心思放在自己身上的時候。想起了那些當年百般不願去上的各式才藝課程，還有在父母經濟不寬裕的時候，爸爸單獨帶著自己去吃一頓西餐，媽媽卻留在家帶弟弟的畫面。

原來愛一直都在，是自己選擇用了父母偏心的視角去看待。孔子說：「因材施教」，身為父母的，何嘗不是用適合不同孩子的方式去愛每一個孩子呢？

感謝兩隻貓咪帶給她的寶貴智慧，讓她與父母之間的關係更為緊密。因為認出了愛一直都在，對父母仍偏心弟弟們的感受，現在的她都可以拿出來跟父母笑笑著說：「沒關係，我就是感覺你們偏心，但我知道你們愛我，這樣就夠了。」

2.孩子

她曾以為自己是個民主的母親，她把所有覺得為孩子好的事，都用柔性溝通的方式傳遞給孩子，尤其是期望孩子要成為一個彬彬有禮的人。

她避免用打罵的方式教導孩子，因為她是打罵教育下成長的孩子，她知道這些招式沒有用，只會讓孩子產生懼怕與隱瞞事情。她很小的時候就知道做了哪些事會被責罰或被打，她選擇不告訴父母究竟發生了什麼事。

她的母親非常羨慕她同學的媽媽。同學是一個放學回家會把學校的事告訴媽媽的孩子。她的媽媽總是抱怨著跟她說，你看某某同學多乖，她有什麼事都會告訴她的媽媽，而妳這個孩子怎麼什麼都不說。

在她小學一年級的時候入圍了合唱團的甄選，媽媽要求她必須要學會自己搭乘公車去練唱教室才能夠參加合唱團，在一次練唱的通勤中，她被一台載滿瓦斯桶的小貨車撞到腳，但她一方面害怕被罵、被打，另一方面又擔心被父母知道後不能去練唱，雖然痛得不太能走，還是一跛一跛走回家，坐在客廳不敢動深怕被父母發現她受傷。好險當時骨頭沒有因為被撞而斷裂或骨折，不然選擇不說實話的下場可能會遺留下難以復原的後果。

她從小就選擇了報喜不報憂。她逐漸長成為一個沉默的青少年，而這一沉默，就是二十幾年。連她離婚這件事，她還是選擇不說，但這個年紀的她，已經不是害怕被罵或被打，而是早已經習慣那個什麼都不說的狀態。

有一次，她在一堂公益課程中，她看到當時的帶領課程的歆賀老師用一齣行動劇的方式把許多父母教養孩子的方式呈現出來，而在這些方式下成長的孩子長大後變成什麼樣的狀態都在參加的這些成年學員身上顯露無疑。例如，許多從小被叨念或吼叫的孩子可能不自覺地把耳朵給關閉了，所以長大後不管公司長官說了什麼，都是有聽但沒有聽進去，這樣的員工很難被看見或是提拔。

一開始在這個課程裡，她還沾沾自喜的覺得自己是個用良好方式教育孩子的母親，她不是個愛叨念或吼叫孩子的媽媽。但是回家後她慢慢反芻課程內容才發現，與前夫的生活偶爾會因故放大聲量爭吵，孩子身處在咆嘯之戰中會很害怕地哭泣著。她發現孩子也會刻意的選擇關上耳朵，把自己埋在線上遊戲之中，與世隔絕。好幾次她在孩子身邊叫他的名字時，孩子竟然根本沒有聽見，她還以為是孩子忘我的投入遊戲中所以沒有聽到她正在叫他。

她也想起了曾經好友知道了她的婚姻狀況後說，妳以為妳的孩子都不知道爸爸媽媽發生什麼事嗎？其實孩子都知道，卻要裝做什麼都不知道，對孩子來說無疑是一種精神上的壓力。

她當時還傻傻地回答，他還小，他不可能知道這件事的，我們在他面前都隱藏的很好。

上完這堂課之後，她才驚覺，兒子很可能是因為不知道要如何應對父母這樣的狀態，乾脆選擇逃避，選擇了聽不見。只要聽不見，就聽不到父母爭吵的聲音，只要埋首線上遊戲的世界中，就看不到父母冷戰時完全把對方當空氣的狀態。

她天真以為把家庭保持完整，孩子就能在這所謂的正常家庭裡好好的成長，因為她的認知是家中有爸爸與媽媽才叫完整，也才正常。她想盡辦法維持住這個虛假的空殼，但卻萬萬沒想到，這樣的決定反而是把自己最愛的孩子困在一個死寂的環境裡感到快要窒息卻不知道如何呼救。

當她勇敢結束這段婚姻，開始積極學習與努力參與各種課程與活動，讓自己有能力再度擁有真正的笑容時，最不可思議的事情也同時發生了。那個埋首在虛擬世界裡的孩子主動告訴她，接下來我不會再玩線上遊戲，我要衝刺高中的考試，那段時間，孩子真的很認真的在準備考試，再也沒有花時間玩線上遊戲。

她才深深的明白了一件事，她是孩子成長階段第一個模仿的對象。當她願意真正勇敢地去成為自己想成為的人，她的孩子也會誕生出勇氣去成為他想要成為的樣子。她告訴孩子她正在勇敢的去經驗自己的生命並朝那個渴望的自己前進，她的孩子也願意敞開心去跟她溝通，說出他想成為的樣子。她與孩子成為了生命中可以相互扶持與打氣的生命共同體，而不僅只是母親與兒子的關係。

能與孩子成為彼此的生命支持，是一件非常恩典的事，她非常的感恩能與孩子成為無話不說的家人。

3.親密伴侶先生

這位親密伴侶先生在她身心靈成長的過程中絕對是個舉足輕重的一個人。

她曾在還沒有遇到他之前，為自己羅列了許多理想中伴侶的條件。她之所以要列出理想想條件的原因是，她要杜絕再遇到讓她覺得不夠理想的人，而不是因為她渴望遇到符合她理想條件的人。後來她發現了這個立足點，她對自己莞爾一笑的說，這就是有學習成長跟沒有學習成長的差異性啊。以往，她做的選擇都是為了要杜絕、防範，而不是為了朝渴望前進。

伴侶先生出現的時候，她並沒有把這張所謂的理想伴侶條件表拿出來核對這個人到底符合了幾項，而是有一天整理辦公桌的時候才意外撈出了這張寫滿條件的信紙。她看著這張紙，伴侶先生僅僅符合了其中的幾項，她才發現列出這些條件都是當下頭腦覺得必須要有的；但實際上的情況是，當自己的心被觸動的時候，這些頭腦認為的條件反而都退到十里之外。

她一直都喜歡有哥哥風範的男孩子，原因是她是家中的長女，非常羨慕有哥哥的同學們。同學們會說，這是我哥哥給我的、我哥哥教我做這個、我哥哥帶我去好玩的地方、我哥哥很會彈吉他……。她對哥哥，有種莫名其妙的嚮往，只要對方讓她感受到哥哥的能量，她就對這個人產生無比的好感。

她的伴侶先生，實際上比她小一些，但身上卻有那種讓她目眩神迷的哥哥風範，那種「哥哥總是有辦法」的感覺。在這段伴侶關係中，她總是用哥哥來稱呼他，她滿足的用妹妹的角色來體驗她從來沒有過的，撒嬌也好、賴皮也好，用一種被哥哥照顧妹妹的方式守護著。她知道，如果有一天她若遭逢危險，這個男人是會挺身出來為她擋子彈的，就是這樣的感受，讓她忘了要拿出理想條件表出來核對，就決定要和他成為伴侶關係。

在現實生活中，像哥哥一樣的伴侶關係，也常常伴隨著哥哥講話比較有權威性的感受。她的伴侶是個塔羅聊癒師，對於溝通這件事，他非常的擅長。在認識伴侶先生的初期，她向對方訴說自己的煩惱與痛苦的過去時，伴侶先生用非常溫柔的音調語氣與體貼的態度，讓她覺得這個人與過去她交往過的任何一個人都不一樣。但是後來，當她跟伴侶先生訴說自己的煩惱與痛苦的時候，伴侶先生總是告訴她妳可以怎麼說、怎麼做，或者是一針見血地告訴她盲點在哪裡。

這不是她想要的理想伴侶啊！！！原來那個溫柔音調語氣的人才是她想要的理想伴侶！！！她的心裡在吶喊著，這不是我要的！！！

她過了好一陣子，在一次她跟伴侶先生吐苦水又遇到相同的狀態時，她終於忍不住的向伴侶先生問道說，為什麼剛認識你的時候，你都能溫柔的、好聲好氣的說，而現在我跟你吐訴心事的時候，你都兇巴巴的好像在指導我怎麼做才對？

沒想到，伴侶先生的回答讓她覺得事情完全跟自己想的方向不一樣。

伴侶先生回答她，之前你跟我訴苦，那都是我認識妳以前發生的事情，對於妳過往的發生，我無能為力為妳做些什麼，我只能安慰妳。妳現在跟我吐苦水的都是當下發生的事，我想為妳做些什麼，或者我不忍讓妳受委屈或受苦，才會告訴妳我的看法跟如果發生在我身上，我會怎麼做，沒想到讓妳誤會成我在指導妳。

下次，如果妳只想要有個能聆聽妳吐苦水的對象時，請妳直接告訴我，我會扮演好一個聆聽者的角色。當然我也可以什麼都不說選擇從此以後只當個聆聽者，但如果有一天，妳想聽我的意見時，我還是只有聆聽，妳會不會也覺得我變了，覺得我不在意妳呢？

這真是個好發生，原來伴侶先生是因為事件發生的時間點不一樣而有不一樣的對應方式，而她可愛內在正在跑的迴路是「你變了！你變得不溫柔了！你變得只會講道理了！這不是我要的！」但她只會說「我不要」，卻從沒有好好表達過她到底想要對方怎麼回應自己所敘述的一切人事物的發生。

與他人的相處，不都是也如同與伴侶先生相處的模式嗎？當有人讓她感受到不舒服的時候，選擇隱忍或是心裡在吶喊，卻沒有勇氣去問對方，為什麼你會有這種反應？久了就選擇讓友誼淡掉，讓對方離開自己的生命中。

她好感謝生命中能擁有一個如師亦友的伴侶先生，讓她在經驗不舒服的過程中能更瞭解伴侶先生、也更認識自己，也因此讓彼此的關係更為真實與緊密。

拾、因為愛——人生的無限可能

1.印度之旅

回想這數十年時光，她踏出國門多半是為了工作，她經常出國洽公，但鮮少是為了出遊。

當她離開了這段長達將近二十年的關係，她想真真切切的為自己活一回。這

兩年，她上了很多課程，想要試著找回自己，也參加很多商界的活動，想要走出只有工作與家庭兩端的生活，盡可能地去拓展自己的視野與人脈。在一次的商業學習活動營隊中，她認識了一群跟她一樣都是自行創業的商圈朋友，這群優秀的人不僅為了自己的事業不斷努力學習也不吝分享所知，對生命與生活更是充滿活力與熱情，她從這群朋友身上發現，原來朋友之間還能共振出這樣的友誼品質。

這群商圈朋友中有幾個人決定要一起去一趟橫貫印度的自助旅行。

這個旅行，由其中一位朋友發起，她雖然很渴望能去體驗這一趟自助旅行，心中還是很猶豫到底要不要參加。她可以為了工作出差離家十幾天毫無猶豫，但要她為了個人的旅遊而離開家庭十幾天，是從所未有的事；還有她與正在讀書的孩子獨自生活，孩子雖然已經在這個夏天考上高中，但她從沒讓他一個人在家獨自生活過。

糾結許久的她決定要為自己，不是為了工作、也不是為了陪伴家人度假，是為了自己出遊。

只是這趟旅程與她想像的截然不同。過去無論是工作或是家庭旅遊，她總是需要準備幾個行李箱，像個八爪魚一樣拎著行李箱到處去。她被告知這一趟橫跨印度之旅將搭乘廉價航空，她只能帶一個不超過七公斤的行李袋。

她依照以往出國模式，把所有她認為的必需品攤放在床上檢視。要出門十一天，扣掉搭機、轉機的兩天，要帶至少五套內、外衣、襪子可以更換，早晚所需的保養品，兩雙可以替換的鞋，還有讓她一頭長髮能順服的可切換電壓的負離子吹風機。她開始一件一件堆疊進那個七公斤的行李袋，結果塞不到一半袋子就滿了而且還超重。她打電話給一起出門的朋友，試圖遊說朋友幫她把吹風機裝進他們的行李袋裡，沒想到被朋友無情地拒絕，因為他們都是男生，不需要吹風機。

被拒絕的她，把東西全部拿出來，認真檢視著這滿床的東西，有什麼是可以省略的?這個過程一度讓她很崩潰，沒有這一些東西，她無法出門。在求助無門的情況下，她只能靠自己，為了不讓自己在路上背著過重的行李無法行走，她把衣物減少成三套易洗易乾的，再把不需要天天用的保養品捨棄，到最後她捨棄了她的長髮，因為這樣就不用帶吹風機了。

這群沒有去過印度的人，只能憑網路上的照片去拼湊與猜測印度的模樣，親人聽到她要去印度，多半是阻攔跟恐嚇，印度治安很差、對女性很不友善、印度恆河上都是垃圾跟屍體、馬路上都是牛糞、廁所很髒、喝印度的水跟吃印度的食物妳會拉肚子，全世界這麼多國家可以去玩，妳為什麼偏偏選擇去印度？

她有沒有被嚇到，說沒有是騙人的，但她的渴望超過她的恐懼，她知道此時要把專注力放在克服困難而非恐懼上。她渴望去加爾各答，泰瑞莎修女奉獻她的一生的教堂；她想要去瓦拉那西的恆河畔這孕育印度文明的河流；菩提迦耶是佛陀證悟的地方；還有泰姬瑪哈陵雪白的建築物與愛情故事。

這一趟東邊進西邊出，橫跨印度一千五百多公里的旅程，這群人迷過路、坐車下錯站、買東西買貴、進廟宇被騙香油錢、火車誤點、換車差點換到電影裡那種擠滿人的一般座、還有在新德里她被一群青少年故意撞肩膀……撇除這些，她得到滿滿的感動與難忘的回憶。

她這一路也遇到許多良善的人，換錢攤位的老闆叮嚀她們要把錢收好別露白、和善的旅館櫃台幫她們安排車子時交代她們千萬不要讓司機載去亂亂買、路上有好心人士帶著下錯車站的她們去搭乘回旅館的公車，還交代車掌到站務必要記得叫她們下車、當地公共廁所其實不算髒而且還蠻安全，最奇特的是到處都有飲水機可以免費裝水……她還遇到許多歐洲來的學生刻意休學一年來印度當志工。

從印度回來之後，她覺得她的人生可以減少許多的身外物。她出差的行囊也變輕許多，她知道沒有攜帶那些所謂的必需品出門她仍然可以活得好好的。她知道想像與真實之間的差距就是行動與去體驗。人們對未知的事物感到恐懼是正常的，但因為恐懼而不去體驗，是非常可惜的一件事。

她在去印度之前，認識了她的伴侶先生，在出門前，她對伴侶先生承諾，這一趟出門雖然都是男生，但她跟他一樣，想要體驗認真愛一個人的愛情品質，而且她做到了。而孩子因為伴侶先生的出現，也有人陪伴他度過媽媽不在家的日子。

當你真心渴望某樣東西時，整個宇宙都會聯合起來幫助你完成！***

2. 創立身心靈空間

她在生命陷落時被貴人與恩典輕輕的托起，然後勇敢的爬起來，慢慢地被引領著走到現在。

他是生命跌跌撞撞，差點就在某一個瞬間決定要離場，但總一個人把他又帶回生命的軌道上。

這樣的兩個人在身心靈的學習道途上相遇了，他們兩個是療癒師課程中的學長與學妹，他們敞開的聊著彼此的過往發生，她對他彷彿是電影情節般的過往驚呼連連，他對她的過往沒有任何批判只有默默地陪伴，這樣的溫暖讓她好感動，

*** 這句話出自於保羅．科埃略所著的寓言小說《牧羊少年奇幻之旅》。

這是她一直渴望擁有的伴侶品質，於是他們相戀了。

在受療癒師課程訓練結束後，她有一個強烈的念頭是想要把公司的某一個空間改成身心靈工作室，讓她所學的這個課程能夠落實在陪伴需要的人，因為她在這個課程中的確釐清許多事情的發生、進而療癒了自己許多過往無處可釋放的痛苦，也改變了她許多觀看人事物的觀點還有與許多人的相處品質。

如果能夠協助他人透由一個陪伴與引導的過程看到事情發生的真相，而能療癒自己，還有與生命中主要關係者的關係，這是件多麼美好的事。

他是一個塔羅聊癒師，他的夢想是擁有一個自己的工作室，可以在這裡為前來諮詢的人們服務之外，還可以在這裡開課，把他的所學分享給想要學習塔羅的人。在他開始為自己的夢想打拼了一陣子之後，他覺得自己成立工作室的時間已經成熟了。他向她提了成立工作室的想法，她很開心也覺得自己延宕了許久的身心靈工作室在此時同時進行。

與此同時，她的心裡仍然有許多擔憂。她身邊有許多伴侶或夫妻們，因為共同創業而感情失和，最後都是分手或離婚收場，她不喜歡衝突，更不願意因為工作跟另一半起爭執。

她本來就是一個中小企業的獨資經營者，公司裡的每一個重要的決策都是由她一個人決議，她早已習慣了這樣的思維與行為模式，而同事們當然也就尊重她的決定去執行工作上的任務。這樣的狀態下與人共謀一事，對她來說更是困難重重。

共同創辦身心靈空間對她來說是一個極大的挑戰，但渴望大於恐懼，她還是決定要與伴侶共同攜手來做這件事。下定決心之後，通常伴隨而來的就是考驗，兩個人意見相左、衝突都不曾少過。從空間成立的地點、空間成立後的瑣事，邀課的過程、課程時間的安排、還不乏像遇到房東突然賣了房子要她們限期搬出去、急忙尋找下一個地點、新空間的物件陳設、她的公司房租租約到期決定把公司與空間結合的駐進過程……。

很多時候，這些衝突也讓兩個人面對著兩個人要不要繼續走下去的意願。她也會在內心自言自語，早就跟妳說，跟伴侶一起創業是一個爛主意，妳就不聽偏要做，妳看吧，一起創業果然就是會造成兩個人分手。

當然，兩個人創業的過程絕對也不是只有這些衝突與爭吵，她也體驗到了有困難可以兩個人一起穿越，不像她的公司必須由她一個人獨自承擔；有美好的事發生時，也有人可以一起享受這份恩典的喜悅。

因為有了空間，她能將她所習得的擴大療癒法開課傳遞給有緣人，看見學員們的生命進展透由習法有了很大的轉變與躍進；她與伴侶一起陪伴帶著困惑或傷心無助的人們，無論是透由伴侶的塔羅聊癒得到一個人生新方向或觀點；或者是透由她的個案引導得到自我療癒，進而改善與伴侶或家人之間的關係。她也與伴侶共同開課，兩個人將各自所長帶入課程中，讓來上課的個人或團體，在完整的課程引導帶領下，對自己的人生有新的體悟與看見。

更讓她開心地是，透由空間的成立，讓她有機會與許多的舊識有了更深的連結而不僅僅是表面的社交。她也有機會能為這個社會多多奉獻自己的力量，她服務了許多公益型個案，請案主支付少許的空間費用之外，把個案費用餘額捐助給當時經費短缺的團體。

生命中無處不是苦，若只想從生命中貪戀著快樂，生命只會更苦。她從自己的生命之苦裡體悟到生命無窮的力量，感謝伴侶與空間的存在，讓自己有機會把力量湧現的體悟分享給需要的人。

3. 找到生命團隊

她一直都是單打獨鬥型的人，因為她不相信有人會無條件的付出。

她的腦海裡深深刻印著當年經濟學老師第一天上課開宗明義的第一句話，「天下沒有白吃的午餐。」這句話像聖經般的讓她奉為生命中的圭臬。所以當有人對她好一分，她就會很快的回饋對方至少兩分；當老闆給她優渥的薪水，她甘願沒日沒夜地為老闆打拼；當她自己創業成為雇主的時候，在她賺錢的時候也大方給予同事們該有的福利。

慶玲老師的教導中有一句話說得非常貼切到位，「在你的世界裡，你永遠是對的」。她的世界運作模式裡，一切都有著對價的關係。而所謂的團隊，也是狹隘地指著她付出工資而組成的公司。她覺得這正常至極，一點也沒有問題，也無須質疑。

直到恩師慶玲老師接觸到了一個無國界的創新商業模式，再次打開了她的視野。在她舊有的觀念裡，創業需要資本、需要對某種行業的瞭解或擁有某種技能，需要辦公設備還有符合公司所需的人力資源。

而這個創新的無國界商業模式，透由自助與助人，讓有意願的人成為彼此的生命團隊，每個人都有機會把自己的夢想透由它去實現，不需要誰支付薪水去驅動對方做事，也沒有誰比誰階級高所以必須要聽命於誰。她從沒有想過，原來有人會不計自我利益去付出、去協助、去成就一個人，或去共同完成一件事。原來生命團隊的品質，是一個不求回報與一呼百應的夥伴關係。

她非常開心這個商業模式進到她的生命，讓她離她想要做的事情更近了。

她是一個單親媽媽，從婚姻狀況的生變到成為一個單親媽媽、獨力扶養孩子與支持家庭生計，她到底清楚在這過程中，會有許多內在與外在要穿越的困難與艱辛。

她的夢想是成立一個協會，去協助與支持正在這個生命轉折中，無論是在內心裡不知所措的、或者是在外在物質世界中需要協助支援家庭生計的人們。她可以運用她所學會的來引導陪伴心靈困頓的部分，如果她個人的公司運作得順利擴展，也許也能讓擁有符合她公司業務需求的人來公司服務賺取生活所需。

但她很快地發現，她的公司沒有辦法無限擴充、也無法聘用每一個有需要生活改善的人，她的這個夢想是有限制的。

當她接觸到了這個商業模式，並進一步地去瞭解其內容，她發現這個商業模式可以協助她更快的圓夢而且沒有個人能力的限制，她還擁有生命團隊可以協助她。她可以藉此協助不管是內心或者是外在物質生活想要得到改善的人，不需要透過成立一個協會才能達成這個目標。只要對方有心想要創業，她都可以運用她所知道的，無論是在原本的商業領域、還是在身心靈領域所運用的陪伴引導。

她運用了慶玲老師給與她的工具—生命採訪，去與來到她面前的每一個人對話，透由一杯咖啡的時間去引導對方看見自己目前生命的狀態，與他們對夢想的渴望要如何達成。

慶玲老師在無數的課程與讀書會中，不斷的把她的理念傳達給學員們，那就是「體驗付出」。即便是做一個事業亦如是，在這創業的過程裡去尋找理念相符的合夥人，是用什麼樣的立足點去與對方交流，是為了協助對方能因此更靠近他們自己的夢想，還是只是為了讓自己更有成就感、更有優越感。這需要很敏銳的自我覺察力與內省的鍛鍊，因為常常是自我以為是體驗付出，但裡面偷渡著追求成功的念頭。

回到了她自己原有的公司與伴侶共創的身心靈空間，慶玲老師的「究竟是體驗付出還是追求成功」，仍然非常受用。給予同事的，究竟是為了對方好，還是包裹著有利於自己的華麗藉口；來到空間受到幫助的，是對方的勇氣與敞開讓對方得到自我療癒，還是放大自我，認為是自己的功勞讓對方變得更好。

透由慶玲老師來到面前的商業模式，讓她擴展的不僅僅是視野，還有對自己負責該有的態度。大家都想要實現夢想，但日復一日重複同樣的思維與做事的模式，是無法讓自己更接近夢想的。在這個創業之路中，她再次發現自己不僅是日復一日重複著沒有想要改變的內在模式，還隱藏著要求完美，仍然想要追求成功。但也在這個創業過程中，她一次一次提醒自己不需要完美才能去付出。

這個商業模式帶給她一個非常寶貴的禮物是—擁有生命團隊—一群無條件支持彼此、願意共好的人。

她也從這個商業模式得到一個寶貴的智慧，「所有的事情能被圓滿，只有一個條件，那就是意願。」

沒有意願，眼前滿滿都是困境沒有路可走。當有了意願，困難就一定會有方法可解決。所以古云，天下無難事，只怕有心人，真是智慧之語啊。

拾壹、無怨愛——取回力量

1.每一刻都願意珍視自己

她時常陷入一種循環。

被痛苦的事耽擱，被他人的言行舉止影響心情，以至於讓自己沉淪在某種低谷裡。在這種情況下，通常該做的事往往都沒進展，或者進入感覺自己做再多也

沒用，因為最後都會失去的狀態。接著就會開始責怪自己不夠好，陷入比較與競爭中。最後覺得生命真的太苦了，活著太沒有意義，壓力就此產生。

她害怕遇到挫折，對於人生遭逢跌入谷底更是抗拒。她常常想起年輕的時候是如此意氣風發，她多想讓時間能停留在那一刻再也不要改變。隨著年紀的增長，多出來的只有白髮、贅肉、負債，她的念頭都在這些讓她覺得人生從勝利組被狠狠踢到失敗組的事件上。

一直覺得自己不夠好，彷彿是一首在生命中不斷重複撥放的歌曲，歌詞都是咒罵自己。想要把這個自己換掉，是沒有停過的念頭。於是，換一個髮型、換一種風格的服飾、買一雙有氣勢的鞋款、換一個工作、換一個居住的地方、換一個伴侶……，藉著用換掉外在的人事物，想要換得一個新的自己與人生，最好是換一個完美得沒有瑕疵的自己。

可惜的是，換掉了這一切，她仍舊是她，腦袋裡的雜音仍在，對自己的批判與咒罵也沒有換過台詞，反而因為年紀的增長，遇過的人事物變多，這些看似自我反省的責怪與悔恨變得更多了。

在一堂課程中，慶玲老師說「請珍視自己」，這句話讓她深深地被觸動了。珍視自己，她從來沒有用這樣的態度對待過自己，她不明白這個自己原來是多麼獨一無二、多麼寶貴，是一個眾所盼望來到這個世界、父母用盡心力呵護長大的生命。她沒有看重這個珍貴的生命，至始至終討厭這個不夠好的自己，想盡辦法要把她換掉。

如果能珍視自己，在遇到不適合的對象的時候，就應該要勇敢地跟對方說再見，而不是委屈自己去求全，最後落到兩敗俱傷的局面。如果能珍視自己，很多該努力的時刻就不會輕易放棄，會願意對自己多一點耐心、多一點肯定去完成一件心中渴望完成的事。如果能珍視自己，當痛苦來臨時，會願意用不一樣的觀點去經驗重複發生的痛苦，事情就會有機會產生不一樣的結果。

生命是一場從出生到死亡的過程，從意氣風發到墜落生命低谷是一場過程，從谷底再次爬起來也是一場過程。痛苦是所有發生的觸媒，讓生命透由無數的過程產生經驗、勇氣、智慧。

她體悟到生命無需是一場競賽，在這個名為生命的遊樂場裡有各式各樣的遊樂設施，每一個人都可以選擇各自喜歡的設施去體驗一番，沒有誰玩什麼代表他比較厲害或誰玩甚麼就是弱者。她肯定是一個有承擔能力的人，所以選擇刺激度五顆星等級的雲霄飛車，想到這裡，她面露微笑，彷彿在雲霄飛車上也能睜開眼睛把雙手向上去享受這份刺激的感覺。

她也明白一件事，雲霄飛車要下滑前也要先爬坡，才能享受那下滑時的刺激感。人生不就是時而爬坡時而下滑的過程？如果一直在爬坡，這遊戲很快就會讓她覺得太無聊，相反的，如果正直下滑時期，最後也會有觸底反升的時候。

生命的有趣在於這趟旅程中充滿各種可能。

她想到自己是個時常因公出差旅行各國的人，她曾經歷到了機場發現忘了帶護照、在國外生病、扛著比自己重一倍的樣品行李箱東奔西跑，也曾因大雨塞車來不及到機場、候機室通知關機艙門前喊出自己的名字時在機場奔跑趕上飛機那一刻……。旅行中的深刻記憶都來自這些當時覺得是災難的事，那些曾在哪裡吃過的美食反而記憶模糊。

每個人都有各自要經歷的喜樂與痛苦，然後在最後抵達終點時，感謝曾經在生命中出現過的每一個人，陪自己一段路讓這趟旅程更添精彩有趣。這趟旅程中，在遭遇困頓，甚至迷路的時候要為這位旅人加油打氣，在開心光榮的時刻好好鼓勵這位努力過的旅人。

她此時此刻，有了珍視自己的感受，一點也不想把自己換掉，也不覺得自己很糟。她知道她曾努力過，也仍在努力中，後面的旅程有什麼，她並不知道，但她知道無論發生什麼事，都是過程而非結果。她非常願意將曾發生過的事所得到的經驗與智慧分享給需要她的愛而來到面前的人。

2.我是幸運兒

你認為你自己是幸運兒嗎？一位長者問她。

她偏著頭想了一會兒，搖著頭說，我每次尾牙都只中參加獎，每兩個月一次的發票也了不起只中兩百元，我應該不算是幸運兒吧。幸運兒應該是尾牙中頭獎，發票會得兩百萬的那種，她笑著說。

你不覺得能活在這個世界上就很幸運，如果你剛好也很健康、很自由就是超級幸運嗎？長者回答她。

她說，這不是很正常的事嗎？怎麼能算得上是幸運兒呢？大家都這樣啊。

長者笑著說，那是因為你剛好都擁有，你才覺得這樣的自己不算幸運，如果今天問一個不良於行，或者是眼睛看不見的人，或是不能求學，不能工作、不能到處旅行的人，你這樣很健康、很自由算不算幸運，對方一定會說，你非常幸運。

這一刻，她停頓下來思考，自己好像真的非常的幸運啊。

生長在一個還算自由的家庭，父母也資助她順利完成學業，工作也是隨自己想換就換不用負擔原生家庭的經濟，甚至挑選結婚伴侶，父母也沒有多說什麼或者阻擋。她手腳健全，擁有滿意的外表，身體也很健康，工作也能讓自己有所發展，她從來都不覺得擁有這一切叫做幸運。

因為她覺得如果能生在富貴人家，擁有更多的錢、能出國到處玩、不用思考就能買很多自己喜歡的東西的人才是幸運。因此，她不懂得珍惜自己所擁有的一切，甚至鄙視自己現在所擁有的。

長者這番話，真是一語驚醒夢中人。

你現在覺得自己是幸運兒了？她點點頭。

如果你是一個幸運兒，你想要如何活出幸運兒的狀態？長者再度丟出了一個問題。

我想，我會先謝謝我的父母吧。我的幸運起源，是因為他們決定生下了我。如果他們沒有生下我，這世界上應該就沒有我這一號幸運兒了吧。她說。

我想回頭好好謝謝那些曾經跟我相遇的每一個人，我的幸運跟他們每一個人都有關。這些人，有的帶給我快樂，有的曾讓我不舒服，有的讓我成長，有的讓我決定要往新的方向走，才有今天的我。

「好神奇啊！」她對著長者說。一個不一樣的觀點，竟讓她覺得生命好像重新翻轉了一樣。那些曾讓她覺得超級不舒服、再也不想看到的人，甚至提起名字或是想到臉都會感覺到不愉快的人，好像都變成貴人了。

長者看著她，笑著點點頭說，「很不錯的發現。」

我想要把我的幸運傳出去，她對長者說。

「我的幸運來自於我得到很多的愛，我也可以把愛傳出去。」她有點興奮的說著。

當時的她，只單純地想要把愛傳出去，所以她樂於捐款、樂於幫助別人、樂於在大眾交通工具上讓位，因為她已經足夠的幸運，她可以把這份幸運也分給他人。

之後，她認識了許多跟她一樣幸運、有福氣的人，這些人跟她做著一樣的事，把他們的幸運與愛傳遞給其他需要的人。有些人開課程、有些人辦活動、有些人傳遞訊息、有些人給予祝福，更多的幸運兒是默默的在自己的生活中、工作中奉獻自己。她開始在搭車的時候，謝謝駕駛先生小姐，在用餐的時候謝謝為她服務的人員，在看醫生的時候感謝醫生護士給她的服務，謝謝她的客人給她訂單讓她有機會為他們服務。她感覺到生命的品質跟以往大大的不同，她不再覺得這些事是理所當然、別人理當提供給她的。

當年，她覺得自己是這也很不幸、那也很不幸，迎面而來的除了不幸之外還有覺得自己很可憐。當她遇見長者，聽到長者的幸運兒一說之後，她不再覺得自己是很可憐、很不幸的人，她發現自己時時刻刻都是幸運的。即便當下有讓自己不舒服的事，她都覺得這是一個好發生，因為後面不知道是有多麼幸運的事再等著自己。

思維的改變，會讓一個人的命運翻轉，這是她從來沒想過的事。因為覺得自己很幸運，而不斷的感謝所有的發生，讓自己無時無刻都在幸運的頻率裡。在她經商這麼多年的過程中，發生了許多次讓她當下認為絕對無法處理的狀況，也意外的有貴人出現毫無條件的協助她度過難關，讓她的公司避免倒閉的命運。

妳是不是一個幸運兒？如果長者再度問她這個問題，這次她一定會笑著大聲回答，「我是，我百分百是！」

3. 妳是被深愛著的

她長久以來都認為自己是多餘的、不被重視的、不被愛的。

在原生的家庭中，從她有記憶以來，父母的生活重心都在弟弟們身上，為了弟弟們的健康與家庭中的生計打理一切，她不覺得她是家中重要的孩子，比較像是一個不用錢的褓母，在父母很忙碌的時候、父母要出門的時候代替他們照顧著弟弟們。

她最常聽到的是，妳是姐姐啊，妳要讓弟弟啊，妳要幫忙啊，這類的話語。

她也好想被父母用相同的愛呵護著，她也還是個孩子，她很想著跟父母一起出門，或者能跟弟弟一樣得到父母的稱讚，「你好棒啊～」這樣的話語。

她心裡常常想，我真的是爸爸媽媽的小孩嗎？為什麼要把我第一個生出來？我一點都不想要當姊姊啊！

隨著時間過去，她漸漸長大，她放棄等待父母的讚美與肯定，她開始向外尋找他人的認同，從同學們、同事們之間，主管的肯定，還有伴侶的愛。她想盡辦法的迎合他們的興趣，盡心盡力認真的工作得到讚許，或者是瞭解伴侶的喜好，來換取她認為的重視與愛。

可是總有些事情的發生，讓她感受到在這個團體裡自己並不重要、可有可無，或者她不是伴侶心中最受重視的那一個人，她就會因為失望而決定遠離這群人，或者離開這個伴侶。

當她成為一個母親的時候，她發現母愛是無法克制的自然產生，她就是會對一個從自己身上分離的嬰兒無條件的付出一切。

她開始回想起父母與小時候的自己，她發現自己的記憶總是偏頗在不愉快的那個部分。

她忘了爸爸每天下班回家會把她放在肩上在家裡繞一圈、她忘了媽媽蹲在地上剪裁著布料專心地為她做一件背心裙、她忘了要校外教學的時候媽媽帶著她去市場買一顆要價五十元的紅蘋果，而當年一個菠蘿麵包才兩元。

她開始明白，當年的父母並非不愛她，只是當時的生活實在太辛苦，兩個年輕人要照顧三個孩子，還有忙不完的工作與長年生病的長輩要照顧，心力真的有限。她一定是個能讓父母感到安心的孩子，所以父母能無罣礙的把年幼的弟弟交給她暫時照顧，去把緊急的事情辦妥再趕回家。

她自己身為母親這麼多年，她能瞭解家庭工作兩頭燒的苦，要照顧孩子又要顧及工作的進度，真的是難上加難，好希望能多一個人手可以協助，更遑論當年比自己還要年輕就當上父母角色的父母呢。

對於父母當年好像對自己沒有關心與愛的感受慢慢褪去，然後她感受到了父母滿滿的愛。當她感受到原來自己是一樣被愛著，總是感受不到被愛的那一個部分好像自動被療癒了。

在一次的擴大療癒法課程中，老師要大家對彼此說「你是被深愛著的」，那一刻她有一種好深好深的悸動。她感受到不僅僅是被父母深深地愛著，還被這個世界深深地愛著，這個體悟讓她好動容。

如果這個地球上，只有她一個人存在，那麼她肯定活不久，她能好好的存活著是無數人的付出與奉獻所成就的。她雖然不是凡事都順風順水，毫無阻礙，或者人生毫無困難與痛苦，但是凡事總有解決的方法或者有人願意伸手協助自己。現在的她，常常在困頓的時候提醒自己，妳是被深愛著的，這件事的發生肯定有其意義與恩典，只是現在的妳不知道那是什麼，要有耐心去等待，不要心急。

所有的焦慮與煩惱都是因為太心急著想要得到答案與結果所產生的。所有的痛苦都是因為得到的與想要的不一樣所產生的。

她是個容易安於現狀的人，所以上天的恩典，往往不是舒服的把她捧在手心輕輕地對她說「來這裡」，而是臨門一腳把她踢離舒適圈向前邁進，是種令當下的她感到手足無措，不知如何是好的狀態，總是讓她一邊掙扎一邊哭泣的想破頭找方法找救兵，最後抵達想要的目標。

她回想一下過去的種種發生，往往安逸在一個還可以的工作上，就會有人提供一個更有挑戰性的機會；在一段不算滿意但又還能接受的關係裡，就會有一個不得不結束關係的事件發生讓她當機立斷的做決定；當住在不算滿意又想要擁有屬於自己的房子時，就突然被房東通知要把房子收回去，讓她必須要開始尋找適合自己與家人的居所。

是啊～當她開始能認出這一切都是一種被上蒼深深愛著的恩典，就不會用自己真倒楣的角度去看待每一件發生在生命中的事件，而促使這些事件發生的人，都是生命中不可缺少的貴人們，為了成就自己而願意讓自己成爲被討厭、被責怪的人。

這是她人生中最棒的禮物，成為自己這間生命公司的女老闆。這意味著她成為擁有絕對的選擇權與領導權，可以選擇用不一樣的角度去看待人生，成為擁有創造與引導自己生命品質的最高領導人。

她選擇成爲愛與光，用她的愛與光來陪伴照亮這個世界。

國家圖書館出版品預行編目資料

愛上女老闆／薇拉 著. --初版. --臺北市：博客思出版事業網, 2022.01
面； 公分. --（心靈勵志；56）
ISBN：978-986-0762-11-2（平裝）

1.女性心理學 2.自我實現

173.31 110018933

心靈勵志56

愛上女老闆

作　　者：薇拉
主　　編：盧瑞容
美　　編：淩玉琳
校　　對：楊容容、沈彥伶
封面設計：塗宇樵
出　　版：博客思出版事業網
地　　址：台北市中正區重慶南路1段121號8樓之14
電　　話：(02)2331-1675或(02)2331-1691
傳　　真：(02)2382-6225
E—MAIL：books5w@gmail.com或books5w@yahoo.com.tw
網路書店：http://bookstv.com.tw/
https://www.pcstore.com.tw/yesbooks/
https://shopee.tw/books5w
博客來網路書店、博客思網路書店
三民書局、金石堂書店
經　　銷：聯合發行股份有限公司
電　　話：(02) 2917-8022　傳真：(02) 2915-7212
劃撥戶名：蘭臺出版社　帳號：18995335
香港代理：香港聯合零售有限公司
電　　話：(852) 2150-2100　傳真：(852) 2356-0735
出版日期：2022年 1 月初版
定　　價：新臺幣 280 元整（平裝）
ISBN：978-986-0762-11-2